신규 교사를 위한

학생 생활지도와 학부모 상담

날아라후니쌤 김태훈 지음

신규 교사를 위한

학생 생활지도와 학부모 상담

날아라후니쌤 김태훈 지음

생각나눔

목차

2. 교육활동 침해 사안

3. 생활규정 위반 사안

4. 학교폭력 사안의 처리

5. 예방 활동

프롤로그

선생님, 생활지도 업무 힘드시죠? 저와 함께라면 베테랑으로 보이실 수 있을 겁니다. 힘내시고, 실수 없이 대처하실 수 있도록 도와드리겠습니다. 도움이 필요하시면 검색창에 '날아라후니쌤'을 찾아보시기 바랍니다. 브런치, 블로그, 유튜브 채널, 인스타그램, 페이스북이나 이메일(gongdory7@naver.com)로 연락 주시기 바랍니다. 언제든 도움드릴 준비가 되어 있습니다.

처음 교직을 준비하거나 생활지도와 관련하여 내용을 알고자 하시는 분들께도 도움이 될 자료를 수록하고자 노력하였습니다. 다만 모든 시·도 교육청의 지침을 넣을 수 없으니 세부적인 지침과 운영 방법에 관하여 시·도별 지침을 꼭 확인하시고 진행하시면 될 것입니다. 같은 지침이라고 하더라도 시·도 교육청과 학교마다 처리 방법이 약간은 다를 수 있으니 꼭 확인하시고 진행하시기 바랍니다.

사실 이러한 책이 없어서 혼자 쓰고 지우고를 반복했었는데, 용기를 내봅니다. 선생님께 학생 생활지도 업무와 관련한 노하우를 전달해드리겠습니다. 다소 어려움이 있더라도 저를 믿고 그대로 하신다면 어려움 없이 한 해 업무를 마무리하실 수 있을 겁니다. 저도 생활지도 업무를 처음 시작했을 때 누구 하나 알려주는 사람이 없어 헤맨 적이 있습니다. 생활지도 업무 담당 선생님께 팁을 드릴 수 있도록 준비하였습니다.

지금부터 저와 함께 학생들의 생활지도는 어떻게 진행하여야 하는지 알아보겠습니다. 교육활동 침해를 하는 학생들은 어떻게 대처해야 하는지 확인합니다. 학교생활 규정을 위반한 학생들은 어떻게 지도해야 하는지 확인해 봅니다. 학교폭력 사안이 발생하면 처리하는 방법에 대해서도 알아봅니다.

학생 생활지도를 하면서 학부모와의 상담을 어떻게 진행하는 것이 효율적인지 고민해 보고요. 민원에 대처하는 방법에 관하여 고민해 보고 직접 적용할 수 있도록 말씀드리려고 합니다. 이 책을 다 읽으실 때쯤이면 학교에서 생활지도하는 데 두려움 없이 진행하실 수 있을 거라 확신합니다.

2023. 10. 20.

날아라후니쌤 김태훈

1. 생활지도

1-1. 생활지도의 정의와 업무 특징

교사의 역할은 크게 교과지도와 생활지도의 두 가지 영역으로 나뉩니다. 교원 양성 단계에서 교과지도에 초점을 맞추어 여러 가지 공부를 하게 됩니다. 교원 임용 시험에서도 관련된 시험을 보게 되죠. 문제는 교직에 들어오고 난 후에 알게 됩니다. 교과지도를 위한 지식은 풍부한데 실제 적용이 힘들다고 느낍니다. 왜 그런지 경력이 쌓이면서 인지하게 됩니다. 생활지도 방식에 문제가 있다는 점을 깨닫게 되는 거죠. 학생들의 생활지도는 학교생활을 잘 할 수 있도록 도와주는 역할을 합니다.

학교급에 따라 담당하는 선생님의 역할에 차이가 있습니다. 초등학교에 근무하는 선생님들은 교과지도와 더불어 생활지도를 함께하는 경향이 강하고요. 중학교나 고등학교에 근무하는 선생님들은 상대적으로 교과지도의 역할이 강조됩니다. 생활지도를 하는 것은 학생부 또는 인성부의 담당 교사가 하는 것이라고 인식하는 경우가 많습니다. 이로 인해 약간의 갈등이 발생하기도 합니다. 매년 업무 분장을 진행할 때 생활지도를 담당하고자 하는 교사의 수가 많지 않은 원인이기도 합니다.

학생들에게 징계를 부여하는 방법은 3가지가 있습니다. 교권보호위원회, 학생선도위원회, 학교폭력대책심의위원회에서 징계를 통보하죠. 교권보호위원회에서는 교육활동 침해 사안에 관한 내용을 심의하고 해당 학생에게 징계를 부여합니다. 학생선도위원회에서는 학교생활 규정에서 규정하고 있는 생활습관을 형성할 수 있도록 하기도 하고요. 학교폭력 사안이 발생하면 사안을 확인하고 피해 학생의 보호조치와 가해 학생의 선도조치를 진행할 수 있도록 결과를 통보하죠.

1) 생활지도의 영역

생활지도는 교사의 역할 중 하나입니다. 담임교사, 학년부장, 학생부장 등을 맡고 있다면 모든 내용을 알고 있어야 합니다. 학교폭력 사안은 담당자가 모든 사안의 세부적인 내용까지 알고 진행하기는 어렵기도 합니다. 이때에는 담임교사의 역할을 진행하고 담당 선생님께 전달하는 방식으로 처리하면 됩니다. 일반적인 생활지도의 경우를 확인해 보도록 하겠습니다.

교사들은 학생들의 기본적인 생활습관 형성을 위한 지도를 해야 합니다. 모든 학교에 학교생활 규정이 있는 이유이기도 합니다. 학교의 상황에 따라 약간씩 다르게 운영되죠. 학생들에게 생활지도가 되지 않는다면 수업을 진행할 때 어려움을 느낄 수 있습니다. 교권 침해나 수업 방해 등으로 정상적인 진행이 어려워지기도 하니까요.

교권보호위원회에 상정되는 경우는 교사의 지시를 불이행한 경우와는 약간 다릅니다. 단순하게 지시를 따르지 않는 경우는 학생선도위원회에서 처리하게 되고요. 선생님에게 욕을 한다든가 정상적인 수업의 진행을 방해하는 경우는 교권보호위원회에서 처리를 합니다. 상대적으로 학생선도위원회에서 처리하는 것보다 징계의 수위가 세기도 합니다.

학생선도위원회에서는 학생들의 기초생활습관을 형성할 수 있도록 규정된 학교생활 규정에 근거하여 처리합니다. 학교생활 규정에 교복, 출결, 징계 기준 등등 여러 가지 학교생활에 필요한 내용을 담아두고 있습니다. 학교생활 규정은 징계를 주기 위해 작성되었다기보다는 학교생활을 하면서 지켜야 할 최소한의 규칙으로 생각하면 됩니다. 학생들에게 잘 안내해서 징계를 받지 않도록 해야 하는 거죠.

요즘 하루가 멀다 하고 학교폭력과 관련한 이야기를 듣기도 합니다. 드라마에 소재로 활용되기도 하고요. 학교폭력 사안은 학교폭력대책심의위원회에서 진행합니다. 2020학년도부터기는 하지만 위의 두 가지 위원회와는 다르게 교육지원청에서 운영합니다. 물론 교육지원청에서 결정하기 위해 필요한 제반 서류는 학교에서 모두 준비해야 합니다. 사안을 정확하게 파악하고 진행해야 하니까요.

2) 기피 업무

교사들이 생활지도 업무를 기피하기 시작한 지 꽤 오래되었습니다. 업무 담당자에게 특별히 보상을 해주지는 않고 실수한 내용을 찾아내 징계를 받게 되는 경우가 많으니까요. 최근 학교폭력 업무 담당자의 수당 신설과 같은 요구가 있는 이유이기도 합니다. 물론 수당을 준다고 해도 해결되지 않을 수도 있습니다. 각종 민원을 감당해야 하는 업무이기도 하니까요. 생각보다 민원을 담당하고 처리하는 것에 스트레스를 받는 경우가 많습니다.

학생이 학교생활 규정을 위반한 경우에도 학부모님이 막무가내로 학교에 찾아와 항의를 하는 경우도 있습니다. 학생들이 대낮에 시청 앞 광장에서 음주와 흡연을 하다가 경찰에 적발된 경우가 있었거든요. 학교생활 규정에 의거해서 처리하려고 했더니 학교에 민원을 넣습니다. 국민신문고, 국가인권위에 제소하기도 합니다. 담당하는 선생님이 이런 민원에 답변서를 작성하고 응대를 해야 합니다. 각종 위원회에 참석해서 학교의 입장을 이야기해야 하기도 하고요.

담당자들의 고충이 이만저만이 아님에도 불구하고 보상은 그리 많지 않습니다. 모든 집단이 그렇지만 자신의 이득만 취하려는 사람들도 있거든요. 생활지도를 하지 않으면서 쉬운 일만 하려고 하는 분들도 있습니다. 정확히 말하면 자신은 어떻게 사안 처리를 하는지도 모르면서 훈수만 두고 나 몰라라 하기도 합니다. '업무 처리는 담당 선생님이 하는 거잖아요?' 하고 말이죠. 학생과 학부모의 민원만 있는 게 아니라 교사들의 민원도 감당해야 하는 상황이 되었습니다.

당연히 기피 업무가 되기 마련입니다. 업무담당자는 힘든 일은 힘든 일대로 하고 대우도 받지 못합니다. 담당 교사는 함께 일하는 교직원들에게 원망을 받기 일쑤입니다.

1-2.
교원양성과정에서
'생활지도'의 중요성

우리나라의 교원 양성 체제를 살펴보겠습니다. 지식의 전달자 측면에서만 강조하고 있습니다. 생활지도는 학교 현장에 나가게 되면 직접 깨우쳐야 한다고 이야기를 하기도 합니다. 교사는 지식을 가르치고 동시에 생활지도를 해야 하는데도 말이죠. 신규 선생님들은 생활지도에 관한 사전지식 없이 학교 현장으로 나옵니다. 학생들의 사안이 발생했을 때 어떻게 처리해야 할지 모르는 경우도 많고요.

1) 교사의 생활지도

학교폭력이 발생하면 교사들은 관계를 회복하기 위한 노력을 해야 합니다. 「학교폭력예방법」은 교사들의 권한은 배제하고 절차와 과정만 강조하는 방법입니다. 소송의 대상으로 만들어버리기도 했습니다. 교사는 학교생활을 하는 학생들과의 라포 형성을 통해 관계를 돈독하게 유지해야 합니다. 생활지도가 바탕이 되어야 교과지도도 원활하게 진행됩니다.

얼마 전 뉴스를 통해 보도된 내용을 살펴보겠습니다. 선생님이 수업을 진행하는 중에 휴대폰을 하고 웃옷을 벗고 있기도 했습니다. 이런 상황은 생활지도가 되지 않아 벌어진 일임을 확인할 수 있습니다. 그만큼 교권이 추락되었고 생활지도의 권한은 사라졌으며, 이를 제지할 방법도 없다는 것으로 해석됩니다.

2) 학교의 사법기관화

학교는 교육기관입니다. 교정 시설은 더더욱 아니고요. 「학교폭력예방법」이 시행되기 시작하면서 학교 현장은 사법기관화 되었습니다. 학교폭력은 사안 처리 절차에 따라 진행되어야 합니다. 그렇지 않은 경우는 관련된 교사의 징계와 사법 처리를 거치게 됩니다. 학교폭력 사안을 대화로 풀었다고 하더라도 징계를 받기도 하는 현실이니 생활지도에 손을 떼고 절차대로만 진행하는 경우도 많아졌습니다. 진정한 관계의 회복을 통해 학생들이 안전하게 학교에 올 수 있는 기반을 마련하는 것도 쉽지 않습니다.

학폭위에서 학교폭력으로 판단하는 경우 가해 학생에게 선도 처분을 내립니다. 학생과 학부모는 불복 절차를 진행하는 것이 당연시되고 있습니다. 이러한 상황에 법률가와 행정사들이 적극 개입하기도 합니다. 학교가 사법화되고 있다는 증거입니다. 교권은 이미 추락할 것도 없을 만큼 바닥을 파고 들어갔습니다. 교사들이 개입할 수 있는 여지는 없애버리고 생활지도를 할 수 있는 권한도 빼앗아갔습니다.

3) 교원 양성 과정에서 교육

신규 교사나 저경력 교사들이 학교 현장에서 생활지도로 인하여 겪는 어려움은 여기에서 출발합니다. 이론과 현실이 다르기 때문입니다. 대학에서 교원을 양성하는 교수님들은 초·중·고학생들을 대상으로 직접 생활지도를 해본 경험이 없습니다. 학교폭력 사안 처리하는 방법을 이론적으로 알려주는 것에 급급하기도 합니다.

학부모와 상담을 진행할 때는 어떤 점에 초점을 맞추어야 하는지 알려주는 사람은 아무도 없습니다. 직접 몸으로 부딪혀 알아내야 하는 거죠. 여러 번의 시행착오를 거치면서 소송에 휘말리기도 합니다. 이러한 원인으로 교직에 회의감을 느끼고 떠나는 교사들도 많습니다. 교대나 사대에서 교원을 양성할 때 상담과 생활지도에 관한 체계적인 교육이 필요합니다. 이론이 아니라 바로 적용할 수 있는 방법을 교육해야 합니다.

교사가 수업을 진행하고 생활지도를 할 수 있도록 제도를 개선해야 합니다. 학생들에게 건강하고 안전한 학교를 만들어야 하기 때문입니다. 다소 어려움이 있다고 하더라도 사회적인 공감대를 형성해서 더 이상의 교권이 추락되지 않도록 해야 합니다. 교원의 양성 과정에서도 상담과 생활지도를 현장에 바로 적용할 수 있도록 교육을 진행해야 합니다. 학생들의 관계성을 바탕으로 한 관계 중심 생활교육이 필요한 이유입니다.

1-3. 학생 생활지도는 왜 기피할까요?

매년 2월이 되면 대부분의 학교에서 벌어지는 일이 있습니다. 학생 생활지도를 담당할 선생님을 모시기 위한 작전이 펼쳐지곤 합니다. 왜 학생들의 생활지도를 담당하는 교원을 찾기가 힘들어졌을까요? 초등학교의 경우는 교과지도와 생활지도를 함께 진행합니다. 별도의 담당을 배치하지 않고도 진행할 수 있습니다. 중등의 경우 생활지도는 학생부 선생님들만 하는 것으로 구분해서 보는 경우가 많이 있습니다. 선생님들이 학생 생활지도를 기피하는 이유를 알아보겠습니다.

1) 민 원

가장 큰 이유겠죠. 학생과 학부모의 민원입니다. 민원의 종류도 다양합니다. 국민신문고를 통해 올리기도 하고요. 전화로 큰소리치며 이야기하기도 합니다. 밤늦은 시간에 전화하고 받지 않으면 소통이 안 된다고 다시 민원을 넣습니다. 교장실에 찾아오고 교육청, 국가인권위원회 등에 민원을 제기하죠. 생활지도 업무 담당 교사는 심지어 동료 교직원들의 민원을 받기도 합니다. 업무를 담당하고 있는 교사가 오롯이 감당해야 할 몫입니다.

학교의 관리자인 교장, 교감선생님은 민원이 제기되는 경우 별다른 도움을 주지 않는 경우가 많습니다. 민원의 당사자가 스스로 헤쳐 나가야 합니다. 교육청에서도 도움받기 어렵습니다. 민원을 많이 받으면 자연스럽게 승진 대상에서도 멀어지게 되죠. 손해가 이만저만이 아닙니다. 교권사안의 경우 절차대로 처리하더라도 피해교사의 마음에 들지 않는다는 이유로 동료 교원인 업무 담당 교사에게 민원을 넣기도 합니다.

2) 보 상

같은 급여를 받으면서 어려운 일하려고 하는 사람이 있을까요? 어려운 일을 했을 때 보상이 주어지는 것은 누구나 당연하다고 생각합니다. 각종 민원을 감당해내면서 일을 함에도 불구하고 적당한 보상이 없습니다. 장기적으로 보아서도 도움이 되지 않으니 기피할 수밖에요. 생활지도 업무는 학생들의 바른 인성 형성을 위해 노력하는 겁니다. 기본생활습관이 잘 형성되면 살아가는 데 많은 도움이 됩니다.

최근 한 교원단체에서 학교폭력이나 학생부장 업무를 맡는 교원에게 수당을 신설하자는 의견을 제시했습니다. 금전적인 보상뿐만이 아니라 제도적으로도 인센티브가 주어져야 합니다. 예를 들면 승진을 하기 위해서는 '대상자 선정 10년 이내에 학교폭력 또는 학생부장 업무를 3년 이상 맡은 자' 이런 규정을 넣으면 경력이 많으신 분들의 노하우로 생활지도 업무를 할 수 있는 분위기가 형성되지 않을까요?

3) 절 차

학교 현장에서도 사법만능주의를 발견할 수 있습니다. 학생 생활지도와 그에 따른 징계에 관한 내용입니다. 학교에서 징계를 부여할 수 있는 것은 교권보호위원회, 학생선도위원회, 학교폭력대책심의위원회 이렇게 3곳입니다. 각각의 처리 절차에 맞추어서 진행해야 하죠. 행정 절차에 맞게 진행하지 않는 경우 행정심판이나 행정소송에서 문제가 될 소지가 있습니다.

교육활동 침해 사안과 학교폭력 사안의 경우는 임의로 진행하는 경우 문제가 되기도 합니다. 매뉴얼에 따라 진행을 해야죠. 시·도 교육청별 지침에 따라 약간의 진행방식에 차이가 있기도 합니다. 업무를 진행하다가 상황에 따라서 실수가 있을 수 있죠. "일 많이 하면 감사에 걸린다"는 말도 있습니다. 오랜 기간 생활지도 업무를 담당한 교사는 이런 부담까지 안게 됩니다.

학생 생활지도를 기피하는 이유에 관하여 살펴보았습니다. 각종 민원에 시달리면서도 별다른 인센티브가 없는 것에 관한 보완이 필요합니다. 각각의 절차가 복잡한 것도 개선되어야 할 과제입니다. 가장 힘들 때는 절차대로 진행했는데, 동료 교원들이 민원을 제기하기도 하는 겁니다. 민원을 받았을 때 적극적으로 지원해 줄 수 있는 방안도 필요하고요.

1-4.
학교생활 규정 개정 이렇게 해보세요

학생들의 생활지도와 관련한 내용을 개선할 필요에 관한 의견이 있었습니다. 관련한 교육부 고시가 발표되었고, 바로 적용 가능하도록 하였습니다. 교육부 고시가 있다고 하더라도 학교생활 규정을 개정하여 반영해 두어야 합니다. 학교에서 학생에게 부여하는 징계의 근거가 있어야 하기 때문이죠. 근거 없이 고시만 가지고 진행하다가 불필요한 에너지만 소모하게 될 수도 있습니다. 교육부 고시를 반영하여 학교생활 규정을 개정하는 방법을 알아보겠습니다.

1) 구성원 의견 수렴

학교생활 규정을 개정할 때에는 교육 3주체의 의견을 반영해야 합니다. 교사, 학생, 학부모의 의견을 반영하여 결정하는 거죠. 최근 발표된 교육부 고시의 내용을 반영할 때에도 마찬가지로 이러한 내용에 관한 학교생활 규정을 개정하려고 한다는 취지를 명확히 밝히고 진행해야 합니다. 신구 대조표를 만들어서 제시하는 방법이 좋습니다. 변경하려고 하는 내용을 정확히 파악할 수 있기 때문이죠.

모든 일정과 방법은 학교의 홈페이지를 통해 공개합니다. 절차와 양식도 함께 말이죠. 교사와 교직원들의 의견은 메신저를 통해 안내합니다. 의견을 제출할 수 있는 양식을 배부하는 것도 좋습니다. 학생자치회를 통해 학생들의 의견을 수렴합니다. 학부모의 경우 학부모 총회, 교육과정 설명회 등의 행사를 통해 안내하고 가정통신문으로도 안내하여 의견을 제출할 수 있도록 안내합니다.

2) 학교 운영위원회 상정

학교 운영위원회는 학년 초나 처리할 안건이 있을 때 열리게 됩니다. 추경을 통한 예산 변경이나 학생들의 교육 활동의 일정이 변경된 경우가 있습니다. 학기가 시작되고 학교생활 규정의 변경을 위해 학교 운영위원회에 안건을 상정합니다. 가능한 빠르게 진행할 수 있도록 학교 운영위원회를 개최합니다. 학교생활 규정은 학생들의 징계를 줄 수 있는 근거가 되기 때문입니다.

학교생활 규정은 「초·중등교육법」 제18조와 같은 법 시행령 제31조에 근거하여 적용합니다. 법을 바로 적용하는 것이 아닙니다. 절차와 방법을 따라야 하죠. 학교마다 명칭이 다르기는 하지만 '학생 선도위원회'에서 징계를 부여하게 됩니다. 위의 법을 적용하는 역할을 하죠. '생활규정 개정위원회'가 설치된 학교에서는 학교 운영위원회에 상정하기 전에 회의를 거쳐 완성된 안을 제출합니다.

3) 계도 기간 안내

학교생활 규정이 학교 운영위원회에서 처리되면 계도 기간을 거치는 것이 좋습니다. 학교생활 규정을 변경하고 바로 적용하면 어떻게 될까요? 학생들뿐만이 아니라 선생님들도 아직 바뀐 내용이 파악이 덜 되어있기도 합니다. 우왕좌왕 대처하는 방법도 다를 수 있고요. 각종 민원이 발생하는 원인이 되기도 합니다. 계도 기간 동안 가정통신문, 알림이, 영상 등의 방법을 통해 변경된 내용을 안내합니다.

계도 기간은 1~2주 정도가 적당하고요. 길면 한 달여의 시간이 필요하기도 합니다. 상황에 따라서는 차기 학년도부터 적용하기도 합니다. 같은 사안을 두고 1학기와 2학기에 처리하는 것이 다른 경우에는 형평성 문제를 제기하기도 합니다. 학교 운영위원회에서 계도 기간도 결정하는 것도 좋고요. 물론 바로 적용해도 됩니다. 학교장님과 교직원의 적극적인 의지가 있고, 학생, 학부모의 합의가 있으면 가능하죠.

교육부에서 발표한 고시를 어떻게 적용해야 하는지 살펴보았습니다. 학교마다 사정이 다를 수 있습니다. 교육 3주체의 의견을 수렴하여 적용합니다. 학교 운영위원회에 상정하여 최종안을 확정하고요. 안내한 이후에는 최소 1~2주 정도의 계도 기간을 거쳐서 적용하는 방법을 추천합니다. 구성원 간의 합의가 있다면 계도 기간을 두지 않아도 됩니다. 행복한 학교를 만들기 위해 계속 노력을 해야겠습니다.

1-5. 생활지도 교사 멘탈 관리 이렇게 해보세요

학생들의 생활지도를 하다 보면 불편한 상황을 마주하는 경우가 많습니다. 일부러 피하는 경우도 있죠. 한마디 하면서 지도를 해야 하는 상황인데도 모르는 척 넘어가기도 합니다. 자칫 잘못하면 아동학대나 학교폭력 사안으로 변질되기도 해서 꺼리는 경우도 있습니다. 학생들의 잘못된 행동에 관하여 교정해 주는 것도 교사의 역할입니다. 생활지도를 하면서 스트레스를 받지 않는 방법에 관하여 알아보겠습니다.

1) 라포 형성

학생들과 라포 형성을 해두어야 합니다. 학기 초에 학생들의 성향을 파악해 두고 좋은 관계를 유지합니다. 모든 일은 관계가 틀어지면서 발생하거든요. 평소 어떤 생각을 하는지 확인해 봅니다. 반마다 다른 분위기도 확인해 보고요. 학생 개개인의 성향도 알아봅니다. 유형별로 분류해 둡니다. 학생들을 관찰한 내용을 기록해 두면 라포 형성에도 많은 도움이 됩니다.

학생들과 원만한 관계를 만들기 위한 방법은 여러 가지가 있는데요. 원칙을 만들고 일관성 있게 지도하는 것이 필요합니다. 생활지도를 하는 데 라포 형성은 아무리 강조해도 지나치지 않습니다. 좋은 관계는 수업을 진행하는 데도 도움이 되고요. 혹시 감정의 기복이 있다고 하더라도 쉽게 조언을 받아들일 수 있습니다. 문제를 해결하는 데도 관계가 좋으면 금세 받아들이고 해결할 수도 있고요.

2) 처리 절차 파악

학생들의 생활지도를 하는 데 있어 각각의 처리 절차를 파악하는 것이 필요합니다. 학교생활 규정을 위반한 학생들의 경우는 학생선도위원회에서 처리합니다. 이후의 처리 절차를 정확히 알고 있어야 학생들을 지도하는 데도 도움이 됩니다. 너무 강압적으로 처리하는 경우 학생들과의 관계가 틀어질 수 있으니 조절해서 상담을 진행하기도 합니다.

학생선도위원회에서 규정 위반 정도로 처리하면 좋을 상황인데 처리 절차를 잘 알지 못하거나 강압적으로 지도를 하면 문제가 발생하기도 합니다. 교권 침해로 볼 수 있는 상황이 발생하는 거죠. 교육활동 침해 사안의 경우에도 절차를 명확히 파악해야 합니다. 자칫 잘못하면 '선생님이 학생에게 너무했다.'라는 이야기를 들을 수도 있습니다. 교권, 선도, 학폭의 처리 절차를 정확히 파악하고 지도하는 것이 좋습니다.

3) 취미 활동하기

일에만 매달리는 경우는 스트레스를 해소할 방법을 찾지 못하는 경우도 있습니다. 동호회 활동이나 취미 생활을 해보시는 것이 좋습니다. 저는 커피에 관한 관심이 많아서 바리스타 자격증이나 커피 지도사 자격증을 취득하기 위한 시간을 투자하기도 했습니다. 다양한 사람들을 많이 만나게 되었고요. 가끔씩 이런 분들과 만나면 일과 관련한 내용은 잊게 되니 힐링이 되기도 합니다.

동호회 활동도 좋습니다. 분기별이나 1년에 1~2회라도 참가해 보면 정말 다양한 유형의 사람들을 만날 수 있습니다. 일로 만나는 관계가 아니기 때문에 다른 여러 가지 상황에서 도움을 주고받을 수도 있습니다. 때로는 자주 만나는 관계가 아닌 느슨한 관계가 살아가는데 도움이 되기도 합니다. 여러 가지 다른 활동을 통해서 스트레스를 받을 일들도 잊어버리세요. 삶의 활력소가 됩니다.

학생들을 지도하는 일을 하면서 스트레스를 받지 않는 것은 쉽지 않은 일입니다. 다른 선생님들의 도움을 받아 해결하는 것도 좋은 방법입니다. 많은 선생님이 매년 교단을 떠나기도 합니다. 정년이나 다른 사유도 있지만, 많은 분이 생활지도에서 겪는 스트레스를 감당하기 힘들어합니다. 학생들과 평소 라포를 형성해 두고, 마음의 여유를 가지고 대화해 보시기 바랍니다. 처리 절차도 잘 알아두고, 취미나 다른 활동도 함께 진행해 보시면 스트레스를 받지 않는 데 많은 도움이 될 겁니다.

1-6.
새 학년 학급 관리
이렇게 해보세요

해마다 2월이 되면 새 학년을 준비하고 있습니다. 새로운 친구들을 만날 생각에 학생들은 기대를 가지고 있겠네요. 3월 초에 교실에 들어가 보면 어색함과 초조함을 느낄 수 있습니다. 걱정이 가득한 눈빛을 보내기도 하고요. 이때 선생님들은 보호자의 역할을 해야 합니다. 사람의 일생으로 치면 유아기라고 생각하면 되겠네요. 세심한 보살핌이 필요한 시기입니다.

1) 놀이로 소통하기

놀이를 통해 소통하는 방법을 배우는 것이 좋습니다. 초등뿐만이 아니라 중등에서도 놀이를 통한 교육이 강조되고 있습니다. 코로나19로 인한 거리 두기로 인해 다른 사람들과의 관계를 어떻게 만들어야 하는지 잘 모르는 경우도 있습니다. 놀이를 통해 자연스럽게 서로의 차이를 알아갈 수 있습니다. 놀이를 하기 위해 규칙을 알아야 하고요. 규칙을 지키는 과정을 통해 자연스럽게 사회성이 체득될 수 있습니다.

놀이가 좋은 이유는 공감능력을 키울 수 있기 때문입니다. 다른 학생들과 함께 웃고 이야기하는 과정에서 친숙함을 느낄 수 있고요. 서로 다른 점을 알아가고, 다른 사람의 입장에서 생각해 보게 됩니다. 어린아이들과 소통할 때 말을 많이 하지 않아도 놀이를 하다 보면 쉽게 친해지게 되잖아요? 잘 놀아주는 엄마나 아빠가 될 수 있도록 놀이로 소통하는 방법을 배워두는 것이 좋습니다.

2) 학급 규칙 정하기

학년 초에 학급 규칙을 정하는 것이 좋습니다. 출석 관리는 어떻게 할 것인지도 결정합니다. 몇 분 정도 늦었을 때 결과 처리를 할지도 결정하고요. 청소 구역 담당도 결정해 봅니다. 학급 임원을 뽑아두는 것도 학년 초에 해야 할 일이지요. 이런 역할을 분담할 때는 소외감을 느끼지 않도록 해야 합니다. 각자의 역할을 고루 분담할 수 있도록 합니다.

교권 침해 사안이나 학교폭력 사안이 발생하지 않도록 하는 예방 활동은 학년 초에 진행하는 것이 좋습니다. 서로의 감정을 표출하는 과정에서 우발적으로 생기는 상황이 발생하지 않도록 예방해 두는 겁니다. 모든 사안은 발생한 이후에 수습하는 것이 더 어렵습니다. 상황이 발생하지 않도록 미리 대처하는 것이 최선이죠. 모든 것을 예방하기는 어렵지만, 예방에 초점을 맞추고 진행하는 것이 좋습니다.

3) 이름 불러주기

학생들의 이름을 빠르게 외우고 불러주는 것이 좋습니다. '나를 알아주고 있구나.'라고 느낄 수 있도록 해주는 거죠. 별것 아닌 것 같지만 이름만 불러주어도 관심을 표하는 학생들이 의외로 많습니다. 관심 가지고 있음을 표현할 때 진심으로 사람을 대할 수 있습니다. 사람들이 만나면서 갈등이 아예 없을 수는 없잖아요? 갈등 상황을 긍정적인 에너지로 바꿀 수 있는 힘이 될 수 있습니다.

교사와 학생 간의 관계, 학생과 학생 간의 관계에서 가장 중요한 것은 라포 형성입니다. 서로의 생각이 항상 같을 수는 없잖아요? 어떤 상황에서는 오해가 생길 수도 있고요. 이때 꼬인 매듭을 풀 수 있는 것은 평소의 친분 관계입니다. 친하다는 기준은 사람마다 다를 수 있습니다. 서로 간의 관계에서 부족한 부분은 채워주고 넘치는 부분이 있으면 나눠주는 것이 사람들 간의 관계를 유지할 수 있는 비결입니다.

새 학년 새 학기를 맞이하면서 학급을 관리하는 방법을 알아보았습니다. 놀이를 통해 공감하고 소통하는 방법을 찾아야 하고요. 학급의 규칙을 정합니다. 학기 초에 교권 침해나 학교폭력 예방 활동을 통해 사안이 발생하지 않도록 하는 것도 중요하고요. 학생들 개개인을 존중하고 성취감을 얻을 수 있도록 하는 것이 좋습니다. 서로의 이름을 불러주면서 의미를 부여할 수 있도록 노력해야 합니다.

1-7.
학생들과 라포 형성 이렇게 해보세요

학년 초 새로운 분위기의 학교에서 학생과 선생님들이 마주합니다. 매년 학교의 분위기가 달라집니다. 성향이 다른 아이들이 만나서 만들어가는 공동체는 같은 학년이라도 반에 따라 다르기도 합니다. 학생들과 라포 형성을 하면서 생활을 하는 것이 좋습니다. 수업을 진행할 때도 라포 형성이 된 경우와 그렇지 못한 경우에 차이가 있기 때문입니다. 학생들과 라포 형성하는 방법에 관하여 알아보겠습니다.

1) 관심사 공유

교사들은 한 해 한 살씩 나이가 들어가는데 학교에 들어오는 학생들은 항상 같은 나이입니다. 학교급에 따라 약간씩의 차이가 있기는 합니다. 관심사를 공유하는 주제는 여러 가지가 있습니다. 학업과 관계가 있어도 좋고 없어도 좋습니다. 유행하고 있는 음식, 노래, 물건 등 문화를 공유합니다. 교사가 관심 있는 분야를 먼저 공개하고 이야기해 보는 것도 좋습니다. 정서를 공유하는 거죠.

요즘 초등학생들은 친구들끼리 만나서 마라탕을 먹고 다이소 쇼핑을 즐기며, 코인노래방에서 노래를 부르고 패스트푸드로 마무리한다고 합니다. 이렇게 하나의 문화를 형성하고 있는 경우 분위기를 파악해 두고 이야기를 합니다. 물론 나이 차이에서 오는 생각의 차이가 있을 수 있습니다. 관점의 차이에서 오기도 하고, 가지고 있는 삶의 지혜가 다르기도 합니다. 그러나 세대 차이는 관심사를 공유하면서 해결할 수 있습니다.

2) 수시로 상담하기

전통적인 방법이기도 하지만 가장 검증된 방법이기도 합니다. 라포를 형성하기 위해서는 수시로 상담을 해야 합니다. 정확히 학생에게 필요한 것이 무엇인지 파악할 수 있습니다. 미래에 어떤 직업을 가지고 싶은지, 어떤 분야로 진출할 것인지에 관한 생각을 들어봅니다. 상담을 진행할 때는 최대한 가치판단을 배제하고 들어주는 데 초점을 맞춥니다.

학급 경영을 하고 계신 담임선생님이라면 학생 개개인의 올해의 목표나 이루고 싶은 것들에 관한 이야기를 들어보시는 게 좋습니다.

학교생활을 하면서 필요한 것이 있거나 어려운 점은 없는지 확인해 보고요. 이 과정에서 학생의 비밀은 지켜주되 학부모님과도 자주 소통하면서 학생의 정보를 공유하는 것이 라포 형성에 도움이 됩니다. 쉽게 이야기하고 다가갈 수 있도록 마음의 한 부분은 열어두는 것이 좋고요.

3) 단호하게 이야기하기

항상 단호하게 이야기하지 않아도 됩니다. 수업을 진행할 때나 생활지도를 하게 될 때 돌발행동을 하는 경우에는 단호하게 이야기를 해야 합니다. 잘못한 행동은 어떤 것인지 정확히 알려주어야 합니다. 보통 생활지도를 하는 경우에 목소리가 커지거나 화를 내게 되는 경우가 있는데요. 이때에도 화를 내면 안 됩니다. 그대신 혼을 내셔야 합니다. 학생 스스로 알아차리고 같은 실수를 하지 않도록 합니다.

학생의 잘못된 행동은 지도를 통해 개선해야 합니다. 단호하게 이야기해야 하는 이유입니다. 이후에 풀어주는 것도 필요한데요. 라포를 형성하기 위해 필요한 것은 단호하게 이야기하고 풀어주는 과정이 함께 있어야 합니다. 평소에는 너그러운 마음으로 대하고 있다는 것을 인식할 수 있도록 합니다. 자신이 어떠한 행동이 잘못되었는지 인지하고 개선될 수 있도록 알아차리는 것이 중요합니다.

학생들과 라포 형성하는 방법에 관하여 알아보았습니다. 관심사를 공유하고 학생들의 문화를 파악합니다. 전통적인 방법의 상담을 진행하면서 필요한 것은 무엇인지, 진로나 직업은 어떻게 준비하고 있는지를 파악해 봅니다. 학교생활을 하면서 어렵거나 필요한 것이 무엇인지도 파악해 보고요. 학생이 잘못된 행동을 했을 때는 화를 내지 않고 혼을 내야 합니다. 생활을 개선할 수 있도록 풀어주면서 정서적 공감대를 형성하는 것도 좋습니다.

1-8. 학생 징계 사안 분류방법

학생들의 생활지도에 어려움을 겪고 계시는 분들이 많이 계십니다. 학생들에게 징계를 준다는 것이 굉장한 부담이기도 합니다. 학생과 학부모의 민원을 받는 경우도 많죠. 정확한 처리방법을 숙지하고 진행하는 것이 민원을 받지 않는 첫걸음입니다. 학생들의 바람직한 생활 습관을 형성하기 위해 다양한 방법으로 지도를 합니다. 그중에서 학생들에게 징계를 줄 수 있는 3가지 방법을 확인해 보도록 하겠습니다.

1) 교권 침해

교권 침해는 수업을 방해하는 등 선생님의 권리를 침해하는 경우에 해당합니다. 교육활동 침해사안인 경우 징계를 부여할 수 있습니다. 교권보호위원회에서 결정하게 되죠. 2019년 법령이 개정되기 전까지는 지금과는 처리 방법이 달랐습니다. 학생의 징계를 바로 부여할 수 없었죠. 학생선도위원회를 별도로 열어서 처리하곤 했습니다. 지금은 교권보호위원회에서 학생의 징계도 함께 결정하는 방식으로 운영되고 있습니다.

수업 시간에 누워있다거나 옷을 벗고 있는 등의 행동을 하는 동영상으로 전 국민의 공분을 산 뉴스가 있었습니다. 이런 행동을 하더라도 지도할 방법이 없었는데, 2023학년도부터 징계할 수 있는 제도가 마련되었습니다. 교권을 침해하는 경우로 보아 처벌할 수 있도록 한 거죠. 학생들이 수업을 방해하는 경우 선생님들의 수업권을 침해하는 겁니다. 다른 학생들의 학습권을 침해하게 되어 많은 피해를 주게 됩니다.

2) 생활 규정 위반

학생들의 바람직한 생활습관 형성을 위한 학교생활 규정이 있습니다. 학교마다 설정된 생활 규정을 위반하는 경우에 학생선도위원회가 진행됩니다. 시·도 교육청이나 학교마다 명칭이 다르기도 합니다. 약간의 순서와 방법이 다르기도 하고요. 학교장 재량의 성격이 다르기 때문입니다. 학교의 면학 분위기를 조성하고 생활할 수 있도록 많은 노력을 기울이는 것이 필요합니다.

경찰에 비행 행동이 적발된 경우에도 생활 규정에 따라 처벌을 합니다. 교육적 지도이기 때문에 경찰에서 처벌을 받았더라도 이중처벌이 아닙니다. 학생들을 학생선도위원회에 상정하여 진행하려고 하는 경우 학교생활 규정에 내용이 있는지 확인하고 진행을 합니다. 생활규정에 없는 내용이 있다면 생활규정 개정절차를 밟아서 반영할 수 있도록 합니다. 나중에 비슷한 상황이 생기면 적용할 수 있게 하는 거죠.

3) 학교폭력 사안

학생이 교·내외에서 피해를 당한 경우는 거의 대부분 학교폭력 사안으로 접수가 가능합니다. 학교폭력을 감지나 인지한 경우 48시간 이내에 교육청에 보고하도록 되어있습니다. 학교폭력 전담기구에서 내용을 확인하고 학교장 종결이 가능한지 확인합니다. 학교장 종결이 가능한 경우에는 피해 학생과 보호자의 동의를 받아 종결하기도 하고, 동의하지 않는 경우 학폭위 개최를 요청하기도 합니다.

학교장 종결이 가능하지 않은 경우 학폭위가 개최됩니다. 피해 학생과 보호자의 입장을 들어봅니다. 가해 학생과 보호자는 어떻게 생각하는지 확인하고 결정합니다. 피해 학생의 입장에서 어떻게 하면 관계가 회복되고 해결이 가능한지도 확인해 봅니다. 학폭위 결과가 통보되고 징계를 부여합니다. 학교폭력이 접수되고 진행되는 전 과정에서 이전의 관계로 되돌리기 위한 관계 회복 절차가 진행될 수 있습니다.

학생들에게 징계를 줄 수 있는 3가지 방법에 관하여 알아보았습니다. 교육활동 침해, 학교생활 규정 위반, 학교폭력 사안 등으로 징계를 부여할 수 있습니다. 학교는 공동체 생활을 배우는 공간입니다. 다른 학생들과 어우러져 사회생활을 하는 공간입니다. 서로 배려하고 소통하면서 함께 살아가는 방법을 배워야 합니다. 학생들에게 다른 사람들에게 줄 수 있는 피해를 인식하도록 합니다. 이타성을 실천할 수 있도록 안내해야 합니다.

1-9. 징계 봉사 학생 지도 이렇게 해보세요

학생들의 바람직한 생활습관 형성을 위해 학생들에게 징계를 부여할 수 있습니다. 교권보호위원회, 학생선도위원회, 학교폭력대책심의위원회에서 가능하죠. 명칭이 약간 다르기는 하지만 교내봉사, 사회봉사, 특별교육, 출석 정지, 퇴학(고등학교만)이 가능합니다. 교내봉사와 사회봉사를 받은 학생들을 지도하는 방법을 3가지로 알아보도록 하겠습니다.

1) 봉사시간

교내봉사의 경우는 수업 시간을 제외한 시간에 진행합니다. 수업은 듣고 방과 후 시간을 활용해서 봉사하도록 하는 거죠. 학생이 수업에 참여하도록 해야 합니다. 징계를 받은 이후에도 학교생활에 잘 적응할 수 있게 해야 합니다. 학생들의 바람직한 생활습관 형성을 위해 지도하는 거잖아요? 봉사활동을 하더라도 적극적으로 수업에 참여할 수 있도록 안내합니다.

사회봉사의 경우는 봉사 기간을 설정하고 외부 기관에서 진행합니다. 봉사를 진행한 시간과 일정을 고려하여 출석 인정 처리를 해주어야 합니다. 사회봉사 확인서를 제출받아야 하는 이유입니다. 외부 기관에서 확인서를 받아서 학교에 제출하면 그 문서를 근거로 처리합니다. 사회봉사 기관에 따라 확인서 양식이 다릅니다. 징계에 의한 사회봉사의 경우는 학교 자체 양식의 확인서를 사용하기도 합니다.

2) 다양한 활동

교내봉사의 경우 방과 후에 이루어지거나 주말, 휴일에 이루어집니다. 선생님들이 학생이 봉사활동을 했는지 직접 확인해야 하잖아요? '선생님 벌'이라는 표현을 하기도 합니다. 이때 단순한 노작 활동이 되지 않도록 지도하는 것이 좋습니다. 다양한 프로그램을 안내하고 운영해야 하는 이유입니다. 시간만 때우면 교내봉사는 이수한다는 생각을 갖지 않도록 해야 합니다. 학교 주변, 교실, 복도 등 학생들이 사용하는 공간의 환경 정화 등을 진행합니다.

사회봉사를 받아야 하는 경우에도 다양한 기관에 안내합니다. 장애인 복지 시설이나 관공서 등에서 진행할 수 있도록 안내합니다. 사전에 학교와 기관 사이의 연결고리를 마련해서 학생의 특징과 성향을 안내해 두는 것도 좋습니다. 징계를 받는 학생이라고 하더라도 긍정적인 면을 많이 볼 수 있도록 협조를 부탁해 두는 것도 잊지 마시고요.

3) 학교생활 기록부

몇 년 전 있었던 일입니다. 학기 말이 되어 학교생활 기록부 기록 내용을 검토하던 중 학교생활 기록부에 봉사 활동 기록이 있었습니다. 징계로 받은 봉사 활동 내용을 학교생활 기록부에 이수 시간과 함께 기록해 둔 거죠. 전체 메시지로 이런 기록을 하신 담임선생님은 삭제를 부탁했습니다. 징계에 의한 사회봉사는 학교생활 기록부 기재 대상이 아닙니다. 당해 연도에는 정정대장 작성 없이 수정이 가능하니 혹시 기록하셨다면 바로 삭제하세요.

사회봉사 확인서상에서 징계에 의한 사회봉사인지 일반적인 사회봉사인지 구별할 수 있도록 하는 것도 좋습니다. 징계에 의한 사회봉사는 확인서 양식을 새로 만들어서 사용하는 게 더 깔끔하기도 합니다. 안내를 하면서 동시에 확인서를 배부하는 거죠. 이 양식에 작성해서 제출해야 징계 이수로 인정한다는 것도 인지할 수 있도록 안내합니다.

징계에 의한 봉사 활동은 어떻게 처리를 해야 하는지 확인해 보았습니다. 수업 시간에는 수업에 집중할 수 있도록 하고요. 다양한 활동이 가능하도록 합니다. 방과 후 학교 주변이나 교실, 복도 등의 환경미화도 가능하고요. 사회봉사의 경우는 확인서를 받아오면 출석인정 처리를 해주어야 합니다. 징계에 의한 사회봉사는 학교생활 기록부 기재 대상이 아님을 꼭 기억하시고요.

2. 교육활동 침해 사안

2-1.
교육권 회복의 필요성

교권이 땅에 떨어졌다는 말은 옛말입니다. 이미 교사의 교육권은 지하로 땅을 파고 들어가서 찾을 수 없다고 합니다. 「학교폭력예방법」으로 교사들의 생활지도 권한은 사회적으로 빼앗아 갔습니다. 수사권이나 사법권도 없이 무한 책임을 지고 있습니다. 아동학대 관련 법은 교사들에게 아무것도 하지 말고 지식만 전달하라는 요구하고 있습니다. 교사의 교육권이 회복되어야 하는 이유를 살펴보겠습니다.

1) 학습권 보장

다른 학생들의 학습권을 보장해 주어야 합니다. 한 학생의 인권을 보장하기 위해 다수의 학생이 피해를 볼 수 있습니다. 정확히 이야기하면 다른 학생들의 학습권을 박탈하는 거죠. 교사의 교육권이 회복되어야 진정한 의미의 학습이 이루어질 수 있습니다. 학생들의 학습권을 보장해야 합니다. 일부 학생들의 수업 방해로 일그러진 학교와 교실의 모습을 더 이상 유지해서는 안 됩니다.

학생의 입장만 반영하는 경우 교사의 수업권을 제한하는 것으로 해석될 수 있습니다. 아동학대 관련 법은 교사들에게 정당한 교육활동조차 할 수 없게 규제하고 있습니다. 피해만 주장하면 사실 확인 절차도 거치지 않고 교사들이 모든 피해를 감수하도록 하고 있습니다. 아니면 말고 식의 무분별한 아동학대 신고로 인해 교육활동이 위축될 수밖에 없습니다.

2) 기본 생활 습관 형성

학교에서 배우는 것은 지식만이 아닙니다. 학교마다 학칙에 의한 학교생활 규정이 있습니다. 학교생활을 하면서 지켜야 할 규율과 규칙이 있죠. 이것은 기본 생활 습관 형성에 영향을 줍니다. 기본 생활 습관은 학교에서 배우는 '잠재적 교육과정'의 하나입니다. 직접 수업 내용에 반영하여 가르치지는 않지만 자연스럽게 체득되는 결과죠. 사회에 진출해서 자기관리를 할 수 있는 능력이 됩니다.

학교는 여러 학생이 함께 공동체 생활을 하는 공간이기도 합니다. 공동체 의식을 배울 수 있죠. 민주시민으로서 자질을 함양할 수 있습니다. 다른 학생들과 소통하면서 배려하는 능력을 배울 수 있습니다. 교사와 학생 간 지켜야 할 최소한의 예의 등도 가르쳐야 합니다. 학생들 간의 관계에 문제가 생길 때도 해결하는 방법을 모르기도 하거든요. 여러 방면에서 도움을 줄 수 있습니다.

3) 공동체 의식 함양

학생들은 학교 내에서 사회화됩니다. 학생들 간의 관계를 구성하면서 또래 집단을 형성합니다. 관심사를 바탕으로 하기도 하고요. 서로의 성향을 확인하고 잘 맞는 학생들끼리 뭉치기도 합니다. 자신의 생각과 다른 사람들의 생각이 모두 같을 수는 없잖아요? 다른 생각을 가지고 있는 사람들과 대화를 통해 소통하는 방법도 배웁니다. 이 과정에서 자연스럽게 공동체 의식을 함양할 수 있습니다.

학생들은 누군가를 모델링 하려는 경향이 짙습니다. 교사의 행동을 관찰하고 좋은 것은 배우려고 하죠. 학생들과 함께 소통하면서 공동체 의식을 함양할 수 있도록 도움을 주어야 합니다. 교사가 학생들의 사회화를 위한 조력을 해야 하는 이유입니다. 학생들은 사회적으로 인정하지 않는 경우를 모르기도 합니다. 학생의 행동이 잘못된 것이 있다면 바로잡아주어야 합니다.

교사의 교육권이 회복되어야 하는 이유를 살펴보았습니다. 다른 학생의 학습권을 보장해 주어야 하고요. 교사의 수업권도 지켜주어야 합니다. 교사의 교육권을 보장해 주는 것은 학생들에게 많은 도움을 줍니다. 학생들은 학교에서 기본생활습관 형성을 하면서 사회화를 합니다. 사회의 일원으로 성장해야 합니다. 공동체를 구성하고 서로 소통하면서 공동체 의식을 키울 수 있습니다.

2-2. 교권 회복 해결방안

최근 서울의 초등학교 교사의 극단적인 선택이 있었습니다. 삼가 고인의 명복을 빕니다. 교사는 교과지도와 생활지도를 동시에 수행하여야 합니다. 언젠가부터 생활지도의 권한을 교사들에게서 빼앗아버렸습니다. 정당한 교육활동을 아동학대로 접수하기도 했습니다. 자녀의 학교폭력 사안은 교사의 잘못으로 몰아가기도 했고요. 학교에서 정상적인 교육활동을 할 수 있도록 지금이라도 제도와 법령을 속히 개정하여 시행해야 합니다.

1) 「학교폭력 예방 및 대책에 관한 법률 (학교폭력예방법)」의 즉각 폐기

학교를 사법기관화한 근본적인 원인입니다. 교사들에게 학교폭력의 수사권은 부여하지 않은 채 책임만 강요했습니다. 「학교폭력예방법」에 의해 처리를 하다 보니 교사의 교육적 지도는 사라졌습니다. 학생들의 원만한 합의와 조정을 진행한 교사는 징계를 받아야 했습니다. 화해, 조정, 관계 회복 등의 실효성 없는 각종 계획만 쏟아냈습니다. 학교폭력 피해 학생과 가해 학생들에게는 도움이 되지 않는 경우가 대부분입니다.

학생들의 학교생활에서 학생들끼리 발생하는 일들은 학생생활 규정에 의거한 학생선도위원회에서 처리하면 됩니다. 심각하고 엄중한 학교폭력 사안들은 경찰에서 진행해야 합니다. 학교폭력 사안은 가해 학생의 강한 처벌도 필요하고요. 피해 학생의 심리적 치유는 별개로 생각해야 합니다. 각각을 분리해서 지원할 수 있도록 법령과 제도를 정비해 주시기 바랍니다.

2) 아동학대 범죄의 처벌 등에 관한 특례법의 개정

「아동학대법」은 교사를 신고의 대상으로 만들어버린 원인입니다. 교사는 아동학대로 신고되기만 해도 처벌을 받습니다. 업무에서 배제되고 대기 발령 조치를 합니다. 「아동학대법」으로 인하여 교사들을 잠재적인 범법자로 만들었습니다. 학교현장에서 생활지도가 사라지게 만들었죠. 교사는 학생들의 행복한 미래를 위해 지도해야 합니다.

정상적인 교육활동의 과정이었다면 「아동학대법」의 적용을 멈추어야 합니다. 교사가 아동학대로 신고되는 경우 학교폭력의 가해로도 처리됩니다. 처벌은 별개 문제고요. 교사라는 이유만으로 이중, 삼중의 처벌을 받게 됩니다. 직접 당해보면 심적인 고통이 이루 말할 수 없습니다. "교직 탈출은 지능 순"이라는 말이 생겨날 정도로 교사들의 사기가 떨어져 있습니다. 「아동학대법」을 개정하여 정상적인 교육활동을 할 수 있도록 해야 합니다.

3) 교육활동 하는 교사의 교권 보장

한동안 학생들의 인권만 강조해 왔습니다. 개개인의 인권을 위해 다른 학생들의 학습권을 박탈해 왔습니다. 교사들의 수업권도 빼앗아 갔습니다. 학생들의 인권과 교사들의 교권은 대립하는 개념이 아닙니다. 서로 존중받아야 하는 소중한 권리입니다. 교사도 '누군가의 소중한 자식'입니다. 내 자식만 귀하다는 생각을 주입하고 있는 사회의 인식이 변화해야 합니다.

학교는 학생들이 미래를 꿈꾸는 공간입니다. 학생과 교사가 행복하게 공부할 수 있도록 도와주시기 바랍니다. 6.25 전쟁 이후 우리나라의 급격한 경제 발전도 모두 교육으로 이루어낸 결과입니다. 국가의 미래를 위해 전 국민이 뭉쳐서 만들어낸 결과입니다. 학교는 우리 자녀들의 미래를 위한 공간이 될 수 있어야 합니다. 교사들의 교권도 보장할 수 있는 사회적 공감이 필요합니다.

2-3. 교직의 긍정적 미래

최근 일어난 안타까운 일들로 교직에 관한 회의감을 느끼는 분들이 많으십니다. 학생들에게 맞고, 학부모에게 민원받는 대상으로 보이고 있죠. 민주사회로 발전하면서 여러 가지 방면에서 사법주의화 되었습니다. 학교도 예외일 수 없었습니다. 합리적인 대안을 찾아가는 과정에서 성장할 수 있는 계기가 되기를 바랍니다. 성장통이 멈추고 미래사회를 준비할 수 있도록 말이죠. 교직이 희망적인 이유를 찾아보려고 합니다.

1) 미래사회 준비

학생들은 초·중·고등학교를 다니면서 미래사회를 준비할 수 있습니다. 기본 문해 교육을 받고요. 기초생활습관을 형성합니다. 이 과정에서 자연스럽게 사회화를 위한 관계성을 배우게 됩니다. 이러한 과정이 학교생활에 잠재적 교육과정으로 담겨있습니다. 발달과정에 따라 학생들의 차이도 발견됩니다. 이러한 차이를 서로 극복해 나가면서 함께 성장할 수 있는 원동력이 되기도 합니다.

교육을 통해 우리나라의 발전에 이바지할 수도 있습니다. 우리나라는 6.25 이후 교육을 통해 발전한 나라입니다. 기반시설이 모두 초토화되었고, 나라를 발전시키겠다는 생각으로 국민들이 만들어낸 결과죠. 더욱 발전된 사회를 만들기 위해 모두가 한목소리를 내야 합니다. 교육과정을 토대로 교육활동을 진행하면서 미래사회에 필요한 역량을 구축할 수 있습니다.

2) 관계성 교육

학생들은 학교에서 관계성에 관한 교육을 받습니다. 코로나19 대유행 시기에는 이러한 교육을 하는 비중이 축소되었습니다. 최근 일어나고 있는 일들도 예전의 관계로 돌아가는 과정에서 나타난 일이기도 합니다. 사회는 관계성을 토대로 발전합니다. 친구들과 소통하는 과정에서 원만한 관계를 만들기 위한 방법을 알아냅니다. 하나하나가 경험을 통해 체득되어야 하는 거죠.

교사와 학생 간의 관계는 어떻게 해야 할까요? 교사는 학생을 존중하고, 인격적으로 대해야 합니다. 학생은 선생님께 예의를 갖추고 역할에 충실해야 합니다. 학교는 작은 사회거든요. 학생은 학교의 생활 규정을 확인하고 규칙을 지켜야 합니다. 생활 규정을 위반한 경우는 학생선도위원회의 결과에 따르고 행동을 개선해야 합니다. 교사는 사제 동행 프로그램이나 관계 중심 생활교육 등을 통해 관계성 교육을 진행합니다.

3) 교육 3주체의 협업

학교는 교사, 학생, 학부모가 서로 공감하고 소통하는 공간으로 만들어야 합니다. 어느 한쪽의 입장만 반영한다면 건강하지 못한 구조를 만들 수도 있습니다. 공동체 역량을 강화할 수 있도록 노력해야 하고요. 학생의 성장을 위한 노력을 계속해야 합니다. 교육 3주체가 필요한 것이 있다면 만들어주어야 합니다. 각자의 입장만 주장할 것이 아니라 상호보완적 입장에서 함께 노력해야 합니다.

학교는 교육 3주체가 협업하는 공간입니다. 학생의 교육활동 달성을 위한 목표를 가지고 있기에 가능합니다. 교사와 학부모는 자녀의 교육을 위해 함께 노력해야 하는 관계입니다. 공동체 의식이 필요한 거죠. 함께 헤쳐 나갈 수 있는 힘을 키울 수 있도록 도와주세요. 우리 선생님들을 믿어주시고 응원해 주세요. 자녀 교육을 위해 최선을 다하겠습니다.

최근 안타까운 일이 발생했음에도 불구하고 교직이 희망적인 이유를 살펴보았습니다. 우리나라의 미래를 위한 준비를 할 수 있고요.

관계성을 바탕으로 사회를 구성할 수 있습니다. 교사와 학생, 학부모의 관계 정립을 통해 학생의 성장을 위해 함께 노력할 수 있습니다. 공감하고 소통하면서 공동체 의식을 키우고 협력해야 합니다. 우리 모두는 더 나은 미래를 위해 함께 노력해야 합니다.

2-4. 학생선도위원회와 교권보호위원회 사안 어떻게 구분하나요?

학생들의 생활지도를 하다 보면 구분하기 애매한 경우가 있습니다. 한 학생이 선생님의 지도에 응하지 않을 경우에 어떻게 할까요? 학생선도위원회로 처리할 것인지 교권보호위원회로 진행해야 하는지 판단이 잘 안 되기도 합니다. 교사 지시 불이행의 경우는 학생선도위원회로 처리하게 됩니다. 수업이나 쉬는 시간에 정상적인 지도에 불응하고 교육활동을 방해한 경우는 교권보호위원회에서 처리하죠. 교권보호위원회가 더 상위 단계라고 생각하시면 됩니다.

1) 학교생활 규정 확인

모든 학교에는 학칙에 의거한 학교생활 규정이 있습니다. 학교생활 규정을 근거로 징계를 부여할 수 있죠. 학생선도위원회에서는 학교폭력 사안이나 교권 침해 사안을 다루지 않아야 합니다. 별도의 절차를 거쳐야 하는 거죠. 학교 내의 질서 유지와 관련한 경우는 학생선도위원회에서 처리를 합니다. 선생님의 지도를 방해한 경우는 교권보호위원회에서 처리를 하고요.

학생들에게 징계를 부여하는 것은 단순한 벌을 주는 개념이 아닙니다. 학교생활을 하면서 규칙을 지키고 다른 사람과 더불어 살아갈 수 있는 방법을 배우는 과정입니다. 선생님과 갈등 상황이 발생했더라도 앞으로의 행동을 잘하겠다는 다짐이 있으면 됩니다. 바람직한 인성을 가지고 있어야 다른 사람들과 잘 어울리며 소통할 수 있습니다. 학교생활을 하면서 학생들의 학습과 인성 교육이 함께 이루어질 수 있도록 하는 겁니다.

2) 교사의 판단

가장 중요한 것은 선생님의 판단입니다. 담당 선생님의 판단보다는 해당 사안과 관련한 '당사자 선생님의 판단'이 가장 중요합니다. 학생을 지도할 때 지시 불이행으로 볼 것인지 교육활동 침해 사안으로 볼 것인지를 구분하는 거죠. 정상적인 교육활동이 이루어지는 상황이었는지도 생각해 보아야 합니다. 수업 중에 일어난 일이라고 한다면 다른 학생들이 피해를 볼 수도 있는 상황이거든요.

학생들의 인성 지도 차원에서 진행하고 있는지도 판단의 요소입니다. 수업 시간에 스마트폰을 사용하는 학생들이 있는 경우를 생각해 봅시다. 수업 중 스마트폰 사용하지 않을 것을 요구하는 선생님의 요청을 거부하는 경우는 학생선도위원회에서 처리합니다. 더 나아가 휴대폰을 던지거나 선생님께 욕이나 고성을 지르는 경우는 교권보호위원회에서 처리하는 거죠.

3) 다른 학생의 학습권 침해 여부

다른 학생의 학습권을 침해하였는지 여부를 확인해야 합니다. 선생님이 수업을 진행하지 못하는 경우가 해당될 수 있습니다. 심리적인 피해로 인하여 정상적인 수업 진행이 불가한 경우도 있고요. 해당 사안이 벌어진 상황이 수업 중인 경우도 있을 수 있습니다. 교육활동 침해로 인하여 다른 학생들이 피해를 보게 되는 거죠. 선생님이 마음 놓고 교육활동 할 수 있도록 지원해 주어야 합니다.

선생님들은 맡은 수업을 진행하기 위해 최선을 다하고 있습니다. 생활지도를 할 수 있는 환경을 만들어주어야 합니다. 학생들을 바람직한 방향으로 이끌어 갈 수 있도록 하는 거죠. 사회는 바른 인성이 형성된 학생들을 요구하고 있습니다. 서로 소통하고 협력하면서 공동체 의식을 배워야 합니다. 공동체 감각으로 다른 사람을 배려할 수 있도록 해야 하는 거죠. 나의 작은 행동이 다른 사람에게도 영향을 미칠 수 있으니까요.

학생들을 어떤 방식으로 지도해야 할지 구분하기 어려운 경우를 살펴보았습니다. 학생선도위원회에서 진행해야 하는지, 교권보호위원회에서 처리해야 하는지 고민되기도 합니다. 대부분의 선생님들은 학생에게 도움되는 처리 방법을 원합니다. 교육활동 침해 사안이 발생하지 않도록 사회 전반적인 노력이 필요할 때입니다. 각자의 위치에서 지원을 해주면 그리 힘들지 않게 교육활동을 할 수 있을 겁니다.

2-5.
교육활동 침해 사안 어떻게 대처하나요?

교육활동 침해 사안이 발생한 경우에 어떻게 처리해야 할지 몰라 우왕좌왕하는 경우도 있습니다. 관련한 처리 절차를 숙지하고 있어야 원활하게 처리할 수 있습니다. 학생에 의한 교육활동 침해 사안의 경우는 어떻게 처리해야 할까요? 학생의 진정한 사과와 반성이 필요합니다. 보호자에게 관련한 사실을 안내할 필요도 있고요. 구체적으로 어떻게 처리하면 되는지 지금부터 알아보겠습니다.

1) 학생의 반성

교육활동이 진행 중인 선생님에게 무례한 행동을 한 경우는 모두 교육활동 침해 사안으로 처리할 수 있습니다. 학생에게 사안을 확인하여 확인서를 작성하게 합니다. 관련한 내용을 보호자에게 고지하여 보호자의 생각은 어떤지 확인할 필요도 있고요. 교육활동 침해를 일으킨 상황이 명확한 경우는 학생의 반성이 필요합니다. 재발 방지를 위한 약속도 필요하고요.

학생이 반성하고 재발 방지를 위한 약속을 진행하는 경우 피해 교원과의 관계가 개선되기도 합니다. 학생과 관계가 개선되었는데 절차를 진행해서 다른 문제를 만들고 싶지 않은 경우도 있고요. 교권보호위원회의 경우는 피해 교원의 의지가 중요하기 때문입니다. 당사자인 선생님의 의견을 청취하여 후속 절차의 진행 여부를 결정합니다. 후속 절차로 진행되지 않을 수도 있죠.

2) 교권보호위원회

교권보호위원회를 열어서 처리하는 경우를 살펴보겠습니다. 학생과 피해 교원의 분리를 취한 이후에 교권보호위원회의 개최 여부를 결정합니다. 개최 통지서를 보호자에게 등기우편으로 통지합니다. 교권보호위원회의 개최 날짜와 장소 등을 안내하고 절차에 따라 진행합니다. 학생과 학부모님이 가능하면 참석할 수 있도록 안내하고요. 학생의 반성 여부와 재발 방지 여부, 피해 교원과의 관계 회복 여부 등을 종합적으로 이야기합니다.

교권보호위원회에 참석한 경우에 학생의 입장에서 억울한 내용이 있을 수 있습니다. 억울한 내용은 어떤 것들이 있는지 전달할 필요가 있습니다. 정확하게 인지할 수 있도록 하는 거죠. 이야기하지 않은 내용은 파악하기 어렵습니다. 이때 중요한 것은 학생이 잘못한 일에 관해서는 반성을 하는 모습을 보이는 겁니다. 다만 억울한 내용에 관해서는 유감스럽다는 입장을 표현할 필요가 있습니다.

3) 결과 통보 이후

교권보호위원회의 결과통보는 서면으로 이루어집니다. 등기우편으로 발송 처리하게 되죠. 학교에서는 결과 통지서를 바탕으로 징계를 이수할 수 있도록 안내합니다. 교내봉사의 경우 일정을 확정해서 방과 후에 진행하도록 하고요. 사회봉사나 특별교육의 경우는 일정과 기관을 확정하여 출석 인정 처리를 해야 합니다. 징계로 인한 사회봉사를 받지 않으려고 하는 기관도 있습니다. 관련 기관에 협조를 구합니다.

출석 정지는 일정을 확정하고 미인정 결석처리를 해야 합니다. 학생이 출석 정지 기간에 학교에 나와서 별도의 교육활동에 참여할 수 있도록 안내하고 있습니다. 교권보호위원회를 비롯한 징계처분의 경우 고등학교는 퇴학까지 가능합니다. 퇴학 처분의 경우는 시·도 교육청에 설치된 징계조정위원회에 재심을 청구할 수 있습니다. 행정심판이나 행정소송도 불복절차로 진행할 수 있으니 관련한 내용을 안내합니다.

교육활동 침해 사안이 발생한 경우 해야 할 일을 알아보았습니다. 학생의 진정한 사과와 반성이 필요합니다. 교권보호위원회가 개최된다면 개최 전과 후에 보호자에게 등기우편으로 관련한 사실을 통지하여 알립니다. 교권보호위원회도 학생이 학교에 잘 적응하여 생활할 수 있도록 하는 데 목적을 두고 있습니다. 학생의 진정한 반성과 재발 방지가 이루어질 수 있도록 노력해야 합니다.

2-6. 교육활동 침해 사안 처리 절차는 어떻게 되나요?

수업이나 체험학습 등의 교육활동을 진행하다 보면 여러 가지 일들이 발생할 수 있습니다. 인상 깊은 일이나 보람된 일도 있지만 그렇지 못한 경우도 있죠. 청소년기 학생들은 자아가 발달하기 시작하면서 반항하는 듯한 말투와 행동을 보이는 경우도 있습니다. 교육활동이 이루어지는 상황에 선생님과 학생 간 좋지 않은 일이 벌어지게 되면 어떻게 처리해야 할까요? 교육활동 침해 사안을 처리할 때 기억해야 할 것은 어떤 것들이 있는지 알아보겠습니다.

1) 사안의 발생 단계

교육활동 침해 사안이 발생한 경우 사실관계의 파악이 우선입니다. 포인트는 최대한 객관적 사실을 파악해야 한다는 겁니다. 교사의 의견을 들어보고 확인서를 받아봅니다. 해당 사안이 발생한 이유와 전후 상황에 관한 내용을 파악해 봅니다. 이후 학생을 만나서 이야기를 들어보고 확인서를 작성합니다. 목격 학생이나 선생님이 있다면 의견서를 받아서 전체적인 내용을 취합합니다.

사안 발생 시 당사자 선생님의 대처도 중요합니다. 교권보호위원회 개최에 관한 이야기는 하지 않아야 합니다. 학생과의 불필요한 대화나 감정이 담긴 말은 삼가세요. 이런 반응은 오히려 학생의 반응을 정당화할 수 있는 소지가 될 수 있기 때문입니다. 당사자인 교사는 '관련한 절차에 따라 처리해달라고 요청할 거야.'라는 이야기 외에 다른 말을 하지 않는 것이 좋습니다.

2) 교권보호위원회 운영

선생님의 정상적인 교육활동이 있던 중에 발생한 사안이라면 교권보호위원회를 개최할 수 있습니다. 학생에게 징계를 주는 3가지 위원회 중의 하나죠. 관련한 절차에 따라 처리해야 합니다. 개최의 전후에는 등기우편으로 개최 안내서, 결과 통지서를 송부하야 합니다. 교권보호위원회의 처분은 위원회에서 논의되는 과정에서 결정된 내용을 가지고 처분을 통지합니다.

위원회에 교원도 있지만 학부모 위원 등 외부 위원도 있습니다. 최대한 객관적으로 파악할 수 있도록 해야 합니다. 학생과 교사의 입장을 파악하고 준비된 자료를 통해 결정하게 됩니다. 교사의 심리적인 피해가 발생했다면 해결할 수 있도록 지원합니다. 학생의 반성과 뉘우침도 중요한 요소입니다. 재발 방지를 위한 노력, 교사와 학생 간의 화해 정도도 고려해야 하고요. 다양한 방법으로 치유할 수 있는 방법을 생각해 봅니다.

3) 결과 처분 이후

수업 중 라면을 먹으며 스마트폰으로 SNS 라이브 방송을 하는 영상이 뉴스에 보도된 적이 있습니다. 사회적인 공분을 사기도 했었죠. 교육활동이 이루어지고 있는 상황이라면 서로의 입장에서 예의를 지켜야 합니다. 모든 사안은 일어나지 않도록 하는 것이 중요하죠. 예방 교육을 지속적으로 진행하는 것이 좋습니다. 형식적으로 진행되는 것보다는 다양한 루트를 통해 진행될 수 있도록 합니다.

교권보호위원회 처분으로 징계를 받는 학생을 낙인시킬 필요는 없습니다. 청소년기의 학생은 개선될 수 있는 여지가 있습니다. 진심으로 뉘우치고 반성할 수 있도록 기회를 제공합니다. 물론 징계처분을 원활하게 이행할 수 있도록 안내하는 것도 필요합니다. 교사와 학생 간의 관계가 틀어졌다면 해결할 수 있는 방법도 찾아봅니다. 관계성 교육이 어느 때보다 강조되는 이유이기도 합니다.

교육활동 침해 사안이 발생한 경우 기억해야 할 내용에 관하여 살펴보았습니다. 정확한 사실관계를 파악하고 진행해야 하고요. 교권보호위원회 처리 절차에 따라 객관적으로 결정해야 합니다. 관련한 절차를 준수해야 하고요. 결과 처분이 통지된 이후에는 비슷한 사안이 발생하지 않도록 예방하는 것이 필요합니다. 처분 내용을 원활하게 이수하고 반성과 재발 방지를 위한 노력도 필요하고요. 안심하고 교육활동 할 수 있는 날이 빨리 왔으면 좋겠습니다.

2-7. 수업 방해는 이렇게 대처해보세요

선생님들이 수업을 진행하고 있음에도 아랑곳하지 않고 방해하는 학생이 있는 경우 어떻게 대처하실 건가요? 교육활동 침해로 분류될 수 있는 상황입니다. 교사의 수업권을 침해한 거죠. 수업을 진행하지 못하게 되니 다른 학생의 학습권까지 침해하게 되는 상황입니다. 이에 관한 인식을 할 수 있도록 해야 합니다. 자신의 감정만 중요하고 다른 사람은 배려하지 않아서 생기는 일이기도 합니다. 수업을 방해하는 학생들을 효율적으로 대처하는 방법에 관하여 알아보겠습니다.

1) 라포 형성

교사와 학생의 라포 형성은 아무리 강조해도 지나치지 않습니다. 계속 말씀드리고 있는 이유이기도 합니다. 학생의 이야기를 들어주고 있다는 것을 인식하는 것만으로도 공감이 되고 소통이 됩니다. 상담을 진행하는 것도 좋습니다. 평소의 관심사를 공유하고 이야기합니다. 진로 진학과 관련한 이야기도 좋고요. 학교생활을 하면서 어려운 점은 무엇인지 이야기해 봅니다.

라포를 형성하는 데 도움이 되는 것은 무엇일까요? 학생과 정서적인 공감대를 형성하는 것이 좋습니다. 마음을 터놓고 이야기할 수 있도록 말이죠. 한동안 코로나19로 인한 거리 두기로 관계성에 관한 교육을 진행하지 못했습니다. 어떻게 사람과의 관계를 만들고 유지해야 하는지 잘 모르는 학생들이 있습니다. 이제는 관계성에 관한 교육을 진행해야 할 때입니다.

2) 지도하기

학생이 선생님에게 무례한 행동을 하는 경우 화를 내면 안 됩니다. 대신 혼을 내야 하죠. 수업 중 휴대폰을 사용한다든가 일어나서 돌아다니는 경우도 있습니다. 크게 이야기를 하면서 수업을 방해하기도 하죠. 이런 상황에 지도하는 것이 필요합니다. 상황마다 대처 방법이 다릅니다. 학생과 주어진 환경에 따라 적절한 방법을 선택하여 지도하는 것이 필요합니다.

학생을 지도할 때에는 잘못한 행동이 어떠한 것인지 확실히 인지할 수 있도록 해야 합니다. 학생에게 단호하게 이야기하고요. 정확히 인지할 수 있도록 합니다. 학생에게 생활지도를 하는 것이지 감정을 풀어놓으면 안 됩니다. 때로는 선생님의 미숙한 지도 방법이 문제시되는 경우도 있습니다. 학생과 평소의 관계를 잘 설정해 두어야 합니다. 약간의 실수도 너그럽게 이해할 수 있도록 말이죠.

3) 기록 남기기

학생의 이야기를 들으면서 기록을 해두는 것이 좋습니다. 누적된 기록은 학생에게 관심을 가지고 있다고 생각할 수 있는 밑거름이 됩니다. 관찰일지나 상담일지는 학생에게 어떤 일이 생겼을 때 요긴하게 활용될 수 있기도 합니다. 기록을 할 때는 긍정적인 면과 부정적인 면을 고루 파악할 수 있도록 기록합니다. 최대한 객관적으로 파악하고 있다는 것을 알 수 있도록 말이죠.

기록된 내용은 학생과의 상담에 활용합니다. 학생의 학교생활이나 진로·진학 상담에도 활용하고요. 학부모 상담에 활용하기도 합니다. 학교에서 일어난 일들에 관하여 시시콜콜하게 모든 것을 안내할 필요는 없습니다. 학생이 잘못한 행동들이 있다면 학부모와 안내를 할 때 관찰하고 기록한 내용을 바탕으로 안내합니다. 안내하고 있지 않다가 갑자기 안내하는 경우는 또 다른 민원이 발생할 소지가 있습니다.

수업을 방해하는 학생들을 효율적으로 대처할 수 있는 방법을 알아보았습니다. 교육활동 침해로 분류될 수 있는 상황이 발생하지 않는 것이 중요합니다. 교사의 수업권과 다른 학생의 학습권을 침해할 수 있기 때문입니다. 평소에 라포를 형성해 두고 지도해야 합니다. 상담하거나 관찰한 내용을 기록해 두고 학부모님과 소통을 해야 합니다. 긍정적인 요소와 부정적인 내용을 함께 안내하고 객관적으로 바라보고 있음을 안내합니다.

2-8. 학생과 갈등이 발생하면 이렇게 해결하세요

학생들과 생활하다 보면 여러 가지 일로 고민하는 선생님들을 보게 됩니다. 학생과 갈등을 겪는 경우도 많은데요. 수업 중 있었던 일이나 쉬는 시간에 상담을 진행하다가 발생하는 상황을 해결하기 위해 마음고생을 하는 경우도 있습니다. 수업 중에 지시를 따르지 않거나 돌발 행동을 하기도 하고요. 많지는 않지만 선생님께 욕을 하거나 물건을 던지기도 하고, 폭행하는 학생들도 있습니다. 학생과 갈등을 겪는 상황을 해결하는 방법을 알아보겠습니다.

1) 원인 파악하기

어떤 상황이건 원인을 파악하는 것이 우선입니다. 학생의 행동을 관찰하고 원인을 파악해 봅니다. 학생들은 자라는 과정에서 자신만의 정체성을 찾기 위해 노력합니다. 학생의 입장에서 생각해 봅니다.

선생님과 생각이 다를 수도 있고요. 어떤 상황을 해결하기 위한 생각이 다를 수도 있습니다. 자신이 한 행동이 수업에 방해된다는 생각을 하지 못할 수도 있거든요. 몰라서 한 행동일 수도 있다는 겁니다.

교사 자신의 심리적인 원인이 있는 것은 아닌지도 생각해 봅니다. 완벽함을 추구하다 보면 자신도 모르게 학생들에게 강요하기도 합니다. '이런 상황에는 반드시 이렇게 해야 돼.'라는 생각을 강요하면 반발하는 학생이 있게 마련입니다. 학생들의 생각을 존중해 주고 어떠한 이유에서 잘못한 것인지를 정확히 안내해 주는 것도 하나의 방법입니다.

2) 교사의 입장에서 생각해 보기

여러 가지 교육활동을 하다 보면 스트레스를 받는 경우가 있습니다. 특히 학생들의 생활지도는 여간 신경이 많이 쓰이는 게 아닙니다. 학생들의 행동으로 인해 수업을 진행하지 못하는 경우도 있고요. 다른 학생들이 방해를 받기도 합니다. 그렇다고 해서 다른 학생들 앞에서 화를 내거나 목소리를 높이는 것은 문제의 소지가 있습니다. 여러 가지 관점으로 생각하고 지도할 수 있도록 마음의 문을 열어둡니다.

학생의 장점을 찾아보는 것도 좋습니다. 일전에 라포 형성이 중요하다는 말씀을 여러 번 드렸습니다. 학생들과 공감하고 소통하는 것은 여러 가지 관점에서 긍정적인 효과를 가지고 옵니다. 사소한 의견 충돌이 있는 경우에 라포 형성이 되어있다면 잘 풀리는 경우가 대부분입니다. 서로 이해하지 못해서 생기는 일이 대부분이거든요. 교사의 입장에서 넓은 마음으로 학생을 생각해 보는 겁니다.

3) 학생의 변화 기다리기

사람의 성향은 쉽게 바뀌지 않습니다. 습관이 만들어지는 것은 유전적인 것도 있지만 자라온 환경에 따라 학습되는 경우가 대부분이거든요. 주변 친구들의 영향도 있습니다. 갑자기 변화하지는 않겠지만 학생의 변화를 기다려주는 것이 좋습니다. 초·중·고등학교에 재학하고 있는 학생들은 대부분 미성년자입니다. 아직 어른들의 도움이 필요하거든요.

학생들의 입장에서 보호자는 가정에서는 학부모님입니다. 학교에서의 보호자는 선생님이 될 수 있죠. 보호자의 입장에서 학생의 변화를 기다려주는 것이 좋습니다. 단 학교에서 학생들을 지도할 때는 제도를 이용하는 것이 좋습니다. 지시 불이행의 경우 학생선도위원회를 활용하고요. 교육활동 침해의 경우에는 교권보호위원회를 통해 처리합니다. 학생이 한 행동에 대한 책임을 지게 하는 것도 교육입니다.

학생들을 지도하면서 갈등을 겪게 되는 경우가 있는데요. 슬기롭게 해결할 수 있도록 노력해 보아야 합니다. 교사의 생각을 학생에게 일방적으로 강요하는 것은 아닌지 생각해 봅니다. 상황의 원인을 파악하고 학생의 변화를 기다려주는 것이 필요합니다. 발생한 일이 도를 넘어섰다면 제도를 활용하여 진행합니다. 교권보호위원회나 학생선도위원회를 활용하고 자신의 잘못을 인지하고 개선할 수 있도록 합니다.

2-9. 학부모와의 갈등은 이렇게 해결하세요

생활지도를 하다 보면 학부모와 갈등이 생기는 경우가 있습니다. 학생들의 인성 지도나 바람직한 인성을 위한 지도임에도 불편한 관계가 되기도 합니다. 평소 학생에게 관심을 하지고 있어야 합니다. 학교행사를 적극적으로 활용해 보고요. 동료 교사들의 도움을 통해 해결하는 방법도 있습니다. 학부모와 교사 간 갈등을 해결하는 방법에 관하여 알아보겠습니다.

1) 평소 학생을 관찰

평소 학생에 관심을 가지고 관찰해야 합니다. 자주 대화를 나누고 전화나 메시지로 학부모님과 소통을 합니다. 주기적으로 가정통신문도 배부합니다. 학생에게 관심을 가지고 있음을 인지할 수 있도록 해야 합니다. 관찰일지나 상담일지를 작성해 두는 것이 좋습니다. 학부모와 상담을 나누면서 학생의 누적된 기록을 바탕으로 대화를 나눕니다.

가정에서의 행동과 학교에서의 태도가 다른 학생들이 있습니다. 가정에서는 조용히 지내는 학생이 학교에서 친구들과 격의 없이 지내기도 하고요. 가정에서 활발하게 움직이는 학생이 학교에서는 조용하게 지내는 경우도 있습니다. 학부모의 입장에서는 자녀의 학교생활을 잘 알지 못하는 경우가 많습니다. 자주 소통하면서 어떻게 학교생활을 하고 있는지 주기적으로 안내해야 하는 이유입니다.

2) 학교행사 활용

학부모와 소통을 하는 창구로 학교행사를 적극적으로 활용합니다. 매 학기 상담주간이나 공개수업 등이 이루어지잖아요? 이때를 놓치지 않는 것이 좋습니다. 자연스럽게 학생에 관한 이야기를 나눌 수 있는 기회입니다. 대부분의 학부모는 학생의 학교생활을 궁금해하고, 학교에 잘 적응해서 다니고 있는지를 궁금해합니다. 상담을 진행하면서 평소의 기록을 확인해 보고 이야기를 나눕니다.

학교에는 주기적으로 축제나 체육대회도 진행합니다. 학생들의 체험학습, 수학 여행 등도 진행하는 행사 중의 하나죠. 학부모의 참여가 가능한 행사를 안내하고 참여를 독려합니다. 학생에 관한 관심을 가지고 있고 학교생활을 주기적으로 관리하고 있다는 것을 안내하는 거죠. 갈등 관계가 생길만한 소지를 만들지 않는 것이 좋습니다. 주기적으로 소통하다 보면 오해할만한 일이 생기지 않으니까요.

3) 주변에 도움 요청하기

학생들의 생활지도로 인한 민원으로 인해 고통받는 경우가 많이 있습니다. 교원단체에 가입을 해두었다면 관련하여 알아보는 것도 좋습니다. 단체별로 상담을 통해 지원할 수 있는 창구가 있습니다. 적극적으로 선생님의 상황을 알리고 어떻게 지원을 받을 수 있는지 확인해 봅니다. 학부모와의 갈등 관계를 어떻게 풀어갈 수 있을까요?

혼자의 힘으로 해결하기 어려운 경우도 있습니다. 이럴 때는 마음고생을 하지 마시고 주변에 도움을 요청해 봅니다. 생활지도 업무나 학부모 관련 업무를 많이 해보신 분들께 이야기를 해보세요. 다양한 해결책을 제시해 줄 수 있습니다. 많은 사안을 처리해 본 경험이 있기 때문이죠. 동료 교사들이 적극적으로 도움을 주지 못하는 경우도 있습니다. 이때는 교감, 교장 선생님 등 관리자들의 도움을 요청해 봅니다.

학생들의 생활지도를 꺼리는 교사들이 늘어나고 있습니다. 학부모와 갈등을 겪게 되면서 온갖 민원을 감수해야 하는 상황이기 때문입니다. 평소 학생을 관찰하고 주기적으로 소통하는 것이 좋습니다. 학교행사를 적극적으로 활용하고요. 주변에 도움을 요청합니다. 생활지도 업무를 담당하는 분들이나 관리자분들의 도움을 받아 해결해 보세요. 교원단체의 도움을 받는 것도 좋습니다. 선생님의 상황을 정확히 알리면 도움을 주는 분들이 많이 있을 겁니다.

2-10.
교육활동 침해 사안의 학부모 상담은 이렇게 해보세요

수업을 진행하는 선생님의 교육활동을 침해했다면 어떻게 해야 할까요? 학생과 교사 간의 상황을 파악하고 후속 절차를 진행해야 합니다. 재발 방지와 함께 학생이 반성하고 뉘우치는 자세를 보여야 합니다. 단순히 교사의 지시를 이행하지 않는 경우는 학생선도위원회에서 처리도 가능합니다. 거기에 선생님께 욕을 한다거나 몸으로 밀치는 등의 공격적인 행동을 하는 경우는 교권보호위원회에서 처리가 되죠. 교육활동 침해 사안이 발생한 경우 보호자 상담하는 방법을 알아보겠습니다.

1) 정확한 사안 파악

학폭, 선도, 교권 등 모든 사안은 정확한 사안을 파악해야 합니다. 당사자인 선생님의 진술을 확인하고요. 어떠한 피해를 입었는지도 확인합니다. 학생의 입장에서 이야기도 들어봅니다. 자신이 한 행동을 인정하는 경우도 있지만 그렇지 않은 경우도 있습니다. 주변에서 목격한 학생들의 증언도 함께 받아보는 것이 좋습니다. 진술만 듣는 것이 아니라 의견서를 확보해 두는 것이 좋습니다.

정확한 사안을 파악한 후 인과관계에 따라 정리해 둡니다. 시간순으로 기록해 보는 것도 좋습니다. 육하원칙에 따라 기록합니다. 언제, 어떠한 상황이 있었고, 목격자는 몇 명인지 등을 구체적으로 기록해 보는 것이 좋습니다. 사실관계를 파악하다 보면 서로의 입장이 정리됩니다. 이를 문서화해서 정리해 둡니다. 회의 진행을 하면서 사안에 관한 판단을 하기 위한 자료로 활용합니다.

2) 진행 절차 안내

교육활동 침해 사안이 발생한 경우 어떻게 진행되는지 절차를 안내합니다. 학부모는 학생의 입장을 대변하게 됩니다. 학교에서 진행하는 일련의 절차를 신뢰하지 않는 경우가 많습니다. 교권보호위원회가 진행된다고 하면 어떠한 방식으로 진행되는지 안내합니다. 개최일자, 방법, 결과 통보 등의 과정을 투명하게 공개해야 합니다. 정확한 안내는 민원을 최소화할 수 있습니다.

단순한 교사 지시 불이행 사안의 경우는 학생선도위원회로 처리가 가능하기도 합니다. 학부모의 입장에서 학생의 잘못한 점이 있다면 지도할 수 있도록 하는 것이 좋습니다. 학생의 사과와 재발 방지를 위한 약속이 이행된다면 경미하게 끝나게 될 수도 있습니다. 상대적으로 교권보호위원회의 처분이 높게 나오는 경우가 대부분이거든요. 일련의 절차는 징계가 아니라 학교생활을 잘할 수 있도록 도움을 주는 데 목적이 있습니다.

3) 재발 방지 & 반성

학부모와 상담을 하면서 다음의 내용을 안내해야 합니다. 선생님의 수업을 방해하는 것은 교사의 수업권을 침해하는 행위입니다. 거기에 다른 학생들이 학습할 권리인 학습권을 침해한 겁니다. 정리해보면 교사의 수업권과 다른 학생들의 학습권을 침해한 행위입니다. 객관적인 판단 요소에 따라 결정되지만, 학생선도위원회보다 교권보호위원회의 처분이 높게 나오는 경우가 대부분입니다.

한 번은 실수로 받아들일 수 있지만 반복되는 잘못은 그 사람의 성향으로 비추어질 수 있습니다. 학생의 입장에서는 잘못한 행동에 관한 반성이 먼저 진행되어야 합니다. 선생님과의 관계를 회복하려고 노력하는 자세도 필요합니다. 재발 방지에 관한 약속을 하는 것도 필요합니다. 선생님과 학생 간의 관계가 회복되고 다시 교육활동에 전념할 수 있도록 도움을 주어야 합니다.

선생님이 수업을 진행하고 있는데 교단에 누워서 휴대폰을 하고 있고, 웃옷을 벗고 수업을 받습니다. 그런가 하면 수업 중 라면을 먹으며 실시간 방송을 하는 장면이 언론을 통해 보도된 적이 있습니다. 전 국민의 공분을 사게 된 영상이죠. 교육 현장의 현실이 이렇습니다. 교권이 바닥에 떨어지다 못해 땅으로 파고 들어갔다는 표현을 하기도 합니다. 교사들이 수업에 전념할 수 있도록 학생의 반성과 함께 재발 방지를 할 수 있도록 도움을 주는 것이 좋습니다.

3. 생활규정 위반 사안

3-1.
학생선도 처리는 어떻게 하나요?

학생들이 학교생활 규정을 위반하는 경우는 선도 처리를 하게 됩니다. 학교생활 규정은 학교 내의 규칙과 징계 내용이 담겨있습니다. 예를 들면 흡연, 음주, 기물 파손, 출결 상태 등등의 학교생활 전반에 관한 내용을 규정하고 있죠. 학생선도위원회로 대표되는 위원회입니다. 시·도 교육청의 지침이나 학교에 따라 명칭을 달리하기도 합니다. 학생 선도 처리할 때 기억해야 할 내용을 알아보도록 하겠습니다.

1) 교육적 조치

학생선도위원회의 조치사항은 학생에게 벌을 주기 위한 것이 아닙니다. 교육적 조치로서 학교생활을 잘할 수 있도록 도움을 주는 데 초점을 맞추어야 합니다. 학교는 교육활동이 이루어지는 곳입니다.

선생님들의 교육활동이 원활하게 이루어질 수 있도록 해야 하죠. 다른 학생들의 수업권을 침해하지 않도록 지도하는 것도 필요합니다. 교육적 조치가 되어야 하는 이유입니다.

불과 몇 년 전까지만 해도 체벌이 가능했습니다. 지금은 학교에서의 체벌은 금지되었죠. 학생선도위원회를 통한 처분을 이행하도록 제도가 마련되어 있습니다. 민주적이고 평화로운 방법으로 학생들을 지도하는 겁니다. 학생들의 학교생활에 도움이 되는 방향으로 결정하는 것이 필요합니다. 담임교사, 생활지도 담당 교사, 학생부장, 학년부장 선생님들 모두 함께 도움을 주고받는 것도 필요합니다.

2) 학생선도위원회 진행 절차 준수

학생선도위원회는 명칭은 다를 수 있으나 행정적인 처리 절차에 의하기 때문에 진행 방식의 큰 틀은 유사합니다. 개최 전후에 서면으로 등기우편 발송되는 것과 「초·중등교육법」 제18조와 같은 법 시행령 제31조에 의거한 처분이 나오게 됩니다. 교내봉사, 사회봉사, 특별교육, 출석 정지, 퇴학(고등학교만 가능)의 5개 중 하나만 처분해야 합니다. 관련한 학교생활 규정에 의거한 처분이 가능하다는 원칙도 있습니다.

학생선도위원회가 열리기 전에 처분의 내용을 결정하고 진행하는 것은 옳지 않습니다. 학생의 반성 정도와 학부모의 지도 의지 지도

의지 등을 명확히 파악하고 반영해서 처리해야 하죠. 학교생활 기록부에 학생선도위원회의 결정 사항을 기록하지는 않습니다. 계속되는 위반 행위로 인하여 학교생활에 방해가 된다면 학생에 관한 평가가 좋지는 않을 테니 이러한 점을 유의해서 생활할 수 있도록 안내합니다.

3) 징계 부여 이후

학생선도위원회의 조치는 교육적으로 적용될 수 있도록 해야 합니다. 징계를 위한 징계를 주면 안 됩니다. 학교생활에 잘 적용할 수 있도록 안내하는 것도 중요합니다. 학교생활 규정을 위반하지 않도록 홈페이지나 학급 게시물 등을 적극적으로 활용해서 안내합니다. 한두 번의 실수가 아닌 경우에는 습관적이라고 볼 수 있기도 하지만 학생을 낙인찍는 것도 바람직하지 않습니다.

학생선도위원회의 조치 결정이 통보된 이후에는 징계 이수를 잘할 수 있도록 안내해야 합니다. 각 처분의 기간을 정확히 안내하고 진행합니다. 교내봉사의 경우는 어떤 시간에 어떠한 일을 해야 하는지 알려줍니다. 사회봉사나 특별교육과 같은 처분의 경우는 기관을 안내하고, 출석 인정 처리도 해주어야 합니다. 출석 정지 기간은 미인정 결석 처리를 해야 하고요. 고등학교이기는 하지만 퇴학의 경우는 후속 처리 절차까지 안내해야 합니다.

학생선도 사안 처리를 할 때 기억해야 할 내용을 살펴보았습니다. 교육적 조치를 내려야 합니다. 선도위원회 징계 부여의 목적은 학교생활을 잘할 수 있도록 하는 겁니다. 관련한 규정에 따라 운영을 하고 징계를 잘 이수할 수 있도록 합니다. 학교에 잘 적응해서 다닐 수 있도록 안내하는 것도 필요합니다. 학생들이 징계를 받았다고 하더라도 낙인 찍지 않도록 하는 것이 가장 중요합니다.

3-2. 학생선도 사안의 대처는 이렇게 해보세요

모든 학교의 학교생활 규정은 학생들의 기초 생활습관 형성을 위하여 만들어졌습니다. 학교의 자체적인 규칙이기에 조금씩 다르죠. 학교장 재량 성격이 강한 처리 방법입니다. 면학 분위기 조성을 위하여 여러 가지 방법으로 활용될 수 있습니다. 학생선도위원회를 진행하려면 학교생활 규정을 매년 상황에 맞게 개정하여 운영하여야 합니다. 학생 선도 사안에 대처하기 위한 방법을 3가지로 알아보겠습니다.

1) 학교생활 규정 확인

학교생활 규정에 관하여 학년 초에 안내해야 합니다. 신입생의 경우는 오리엔테이션 활동을 하면서 안내하고요. 학교생활지도의 전 과정을 안내합니다. 학교생활을 하면서 꼭 지켜야 할 규칙에 관하여 세세하게 안내를 해줍니다. 교실에서 지켜야 할 일, 학교 안에서 하지 말아야 할 일 등을 구체적으로 안내해 주고 진행합니다. 학교생활 규정을 위반하는 경우 처리되는 방법도 안내합니다.

학교생활 규정에 있는 내용은 기본 생활습관을 형성하고 지도하면서 비행 행동을 예방하는 데 초점을 맞추고 진행합니다. 사안이 발생한 이후에는 원칙대로 처리하는 것이 좋습니다. 원칙을 세우지 않고 이렇게 처리했다가 저렇게 처리했다가 하게 되면 학생들이 형평성 문제를 제기할 수 있습니다. 모든 학생에게 공평하게 적용될 수 있도록 합니다.

2) 학생선도위원회 개최

학기 초에 학생선도위원회를 구성하고 사안이 발생하면 진행될 수 있도록 합니다. 학생선도위원회의 위원의 명단을 먼저 내부 결재를 받아둡니다. 학생선도위원회를 개최하는 경우 사전 통지문을 통해 어떠한 사안이 발생했고 어떻게 처리될 예정인지도 함께 안내해야 합니다. 학생선도위원회가 개최되면 위원 명부와 참석자 명부도 함께 결재를 받습니다. 진행의 전 과정을 회의록으로 남겨둡니다.

학생과 보호자가 참석할 수 있도록 안내하고 진행하는 것이 좋습니다. 학교생활 규정의 어느 항목을 위반했고, 어떻게 진행되며, 향후의 절차는 어떻게 되는지도 안내합니다. 학생선도위원회의 결정이 이루어진 이후에는 어떻게 진행하여야 하는지도 함께 안내합니다. 징계 처분에 관한 안내도 하고요. 어떠한 방식으로 처분을 이행하여야 하는지 구체적으로 안내합니다.

3) 학생선도위원회 징계 이수

학생선도위원회는 학교의 규칙을 잘 지킬 수 있도록 유지하는 데 도움을 줍니다. 면학 분위기를 조성하고요. 학생들이 가져야 하는 기본 생활습관을 형성할 수 있도록 하는 데 도움을 줍니다. 선도위원회에서는 교내봉사, 사회봉사, 특별교육, 출석 정지, 퇴학(고등학교만)의 징계가 가능합니다. 징계가 부여된 경우에는 이수하는 방법도 안내해 주는 것이 좋습니다. 이수하지 않고 버티는 경우도 있기 때문입니다.

사회봉사와 특별교육은 교권보호위원회나 학교폭력대책심의위원회 처분의 이행과 마찬가지로 진행합니다. 기관과 연계하고 일정을 조율하면서 진행하죠. 학교에 잘 적응하여 생활할 수 있도록 하는 데 목적을 가지고 있습니다. 학생들의 학교생활에 도움을 줄 수 있도록 진행하고 관리해야 하는 이유입니다. 많은 비행 행동이 예방되고 사안이 발생하더라도 잘 해결될 수 있도록 안내해야 합니다.

학생 선도 사안에 대처하는 방법을 확인해 보았습니다. 학교생활 규정을 확인해 보고요. 학생선도위원회를 개최합니다. 부여된 징계를 이수할 수 있도록 안내하여야 하고요. 이 같은 모든 절차와 내용은 학교에 다니고 있는 학생들이 학교생활에 잘 적응하고 다닐 수 있도록 하는 데 목적을 두고 있습니다. 혹시 잘못한 일이 있다면 인정하고 같은 잘못을 다시 하지 않도록 하는 것이 좋습니다.

3-3. 학생선도위원회에서 학생지도는 이렇게 해보세요

모든 학교에는 학교생활 규정이 있습니다. 학생들의 기본 생활습관 형성을 위해 만들어져 있죠. 음주, 흡연, 기물 파손, 지시 불이행 등 여러 가지 상황이 발생한 경우에 징계 규정도 만들어져 있습니다. 학교생활 규정을 위반하게 되는 경우 학생선도위원회에 상정되어 처리되는데요. 학생선도위원회에서 지도해야 하는 내용에는 어떠한 것들이 있는지 확인해 보겠습니다.

1) 재발 방지

학생들의 반복된 잘못을 하지 못하도록 해야 합니다. 재발하지 않도록 학교생활 규정을 안내합니다. 예방하는 데 초점을 맞추어두는 것이 좋습니다. 학생과 평소 라포를 형성해 두는 것도 좋습니다. 소위 이야기하는 문제 학생들도 이야기가 잘 통하는 경우는 쉽게 문제가 해결되기도 합니다. 이때 반성을 강요하시면 안 됩니다. 내면에서 우러나오는 반성이 이루어지는 것이 효과적이기 때문입니다.

문제 학생이 학생선도위원회에 상정되는 경우가 있습니다. 학생에게 하지 않아도 될 말을 해서 문제가 더 커지는 경우가 있습니다. '너는 출석 정지야', '너는 퇴학이야.' 등의 말은 하시면 안 됩니다. 학생선도위원회가 끝난 경우라도 우편으로 해당 내용이 학생과 보호자에게 통보되기 전에는 민원의 대상이 될 수 있습니다. 징계와 관련한 내용에 관해서는 절차에 따라 진행되어야 하기 때문입니다.

2) 교육적 조치

학생선도위원회는 「초·중등교육법」 제18조와 같은 법 시행령 제31조를 기반으로 운영됩니다. 법령과 학칙에 따라 징계를 부여할 수 있는 근거는 이 법령에 의합니다. 최근 개정되어 2023년 6월 28일부터 시행되는 내용에는 기존에 "그밖에 방법으로 지도할 수 있다"는 내용이 삭제되었습니다. 학생들에게 교육적 지도를 통해 바람직한 방향으로 개선될 수 있도록 하는 데 목적을 두고 있습니다.

학생선도위원회에서 내릴 수 있는 징계를 살펴보겠습니다. 교내봉사, 사회봉사, 특별교육 이수, 출석 정지, 퇴학이 있습니다. 여기에서 퇴학은 고등학교만 해당합니다. 「초·중등교육법」에 "의무교육 대상자는 제외한다"고 명시되어 있거든요. 징계를 부여할 때는 교육적 조치가 이루어질 수 있도록 학생선도위원회가 운영되어야 합니다. 학생선도위원회에서 한 가지 사안으로 여러 가지 징계를 부여하는 것은 안 됩니다. 하나만 부여하게 되어있죠.

3) 학교생활에 적응

학생선도위원회가 진행되는 이유는 무엇일까요? 학생들의 바람직한 생활습관을 형성하고 학교생활에 잘 적응하도록 하는 데 목적을 두고 있습니다. 학생 중에는 학교생활에 별다른 흥미를 느끼지 못하는 학생도 있습니다. 공부나 학업에는 관심이 없는 학생도 있고요. 하교 후 아르바이트를 하거나 저녁 시간에 친구들과 시간을 보내는 데 모든 에너지가 집중되어 있는 경우도 있거든요.

학생들이 학교생활에 잘 적응할 수 있도록 지원을 아끼지 않아야 합니다. 학생선도위원회에 상정된 학생이라고 해서 낙인을 찍지 않도록 하고요. 학교생활 규정을 위반한 경우에는 절차에 따라 처리될 수 있음을 미리 안내해 두는 것이 좋습니다. 학년 초나 학기 초부터 안내를 진행하여 학생들끼리의 분위기를 형성할 수 있도록 하는 방법도 필요합니다. 또래 집단의 문화가 잘 형성되면 자연스럽게 면학 분위기도 조성이 되니까요.

학생선도위원회에서 지도해야 하는 내용을 살펴보았습니다. 학생에게 징계만 주는 기구가 아닙니다. 징계를 통해 교육적인 변화를 이끌어낼 수 있도록 하는 데 목적이 있죠. 학교생활에 잘 적응하고, 바람직한 생활습관이 형성될 수 있도록 지원을 아끼지 않아야 합니다. 학생 스스로의 변화를 통해 자연스럽게 학생들 간의 문화도 형성될 수 있도록 여러 방면에서 도움을 주어야 합니다.

3-4. 선도 처리할 때 이렇게 해보세요

학생들이 학교생활 규정을 위반하면 학생선도위원회에서 처리합니다. 학생선도위원회는 「초·중등교육법」 제18조, 같은 법 시행령 제31조에 근거합니다. 시·도 교육청별 지침이나 학교에 따라 명칭은 달리 운영될 수 있습니다. 생활선도협의회, 인성지도위원회 등등으로 말이죠. 학생들이 흡연, 음주, 불장난, 기물 파손, 지시 불이행 등 기본 생활습관 형성을 위한 지도를 할 수 있습니다. 선도 처리할 때 유의해야 할 3가지 방법을 알아보겠습니다.

1) 정확한 사실 파악

교권, 선도, 학폭 사안 모두 정확한 사실을 파악하고 진행해야 합니다. 학생선도위원회의 경우는 학교장 재량의 성격이 강합니다. 학생에게 징계를 부여하기 이전에 정확한 사실을 파악해야 합니다. 해당 학생에게 확인서를 받습니다. 목격한 학생이나 교직원이 있다면 함께 받아서 자료를 확보해 둡니다. 이야기를 많이 들어보고 시간순으로 확인서를 기록하도록 합니다.

진술을 거부하는 경우도 있습니다. 심증만으로는 처리가 어렵기 때문에 가능하면 객관적인 증빙자료를 확보해 두는 것이 좋습니다. CCTV 영상을 확보해 두는 것도 좋은 방법입니다. 처리하면서 가장 애매한 경우가 욕설을 하거나 좋지 않은 행동을 하는 경우입니다. 이때 학생들이 바로 인정을 하면 별문제 없이 처리할 수 있습니다. 인정하지 않는 경우는 객관적 자료를 확보하기 위해 노력해야 합니다.

2) 학교생활 규정에 근거한 처분

학생선도위원회 처분은 학교장 재량 성격이 강한 편입니다. 처분의 근거는 학칙과 학교생활 규정입니다. 신입생 오리엔테이션이나 입학식 때도 안내합니다. 학년 초에 미리 안내해야 합니다. 학교 홈페이지에 공지하고 학생들에게도 안내합니다. 주요 징계 사항과 관련한 내용은 공지사항이나 교실 앞뒤에 게시합니다. 나중에 몰랐다고 우기는 경우도 있거든요. 안내한 내용에 관해서도 결재를 받거나 기록해 둡니다.

학생선도위원회에서 위원들이 처분의 수위를 올리거나 내려서 결정할 수 있습니다. 학생선도위원회를 진행하는 경우 위원으로 참여하는 분들이 학교생활 규정과 관계없이 처분을 주장하는 경우도 있습니다. 합리적인 근거 없이 처분을 내리는 경우에 문제가 될 소지가 있습니다. 징계를 부여할 때에도 합리적인 처분을 내릴 수 있도록 학교생활 규정을 확인해야 합니다.

3) 학교생활 규정 개정

매년 학생들의 성향에 맞추어 학교생활 규정의 개정을 진행합니다. 사회가 달라지면서 학생들의 성향도 바뀌고 있습니다. 어떤 규정은 법령이 개정되면서 삭제되어야 하기도 합니다. 몇 년 전 일부 고등학생들의 투표가 가능하게 변경되었습니다. 학교생활 규정에서 정치활동 관련한 내용 삭제를 진행했습니다. 학교생활 규정을 개정할 때는 생활규정 개정 절차에 따라 진행해야 합니다.

학교생활 규정을 개정할 때 교사, 학생, 학부모의 의견을 수렴해야 합니다. 일정한 기간 동안 생활규정에 관한 의견을 받아 개정안에 반영해야 하고요. 취합한 내용을 바탕으로 학교생활규정위원회를 거칩니다. 이 위원회는 반드시 거쳐야 하는 것이 아니라서 없는 학교는 바로 학교운영위원회에 상정합니다. 학운위에서 결정되면 일정 기간의 계도 기간을 거쳐 적용하게 됩니다.

학생들에게 학생선도위원회에서 처분을 내릴 때는 교육적으로 바람직한가를 생각해 보아야 합니다. 마음에 들지 않는다고 무조건 퇴학을 외치는 경우에는 문제가 생길 소지가 있기 때문입니다. 정확한 사실을 파악하고 학교생활 규정에 의거하여 처분을 내려야 합니다. 생활 규정이 현실과 맞지 않은 경우에는 개정 절차를 거쳐 변경한 내용을 안내합니다. 모든 과정은 바람직한 기본 생활습관 형성을 위한 것임을 기억해야 합니다.

3-5.
학교생활 규정 위반 시 어떻게 처리하나요?

모든 학교에는 학칙을 반영한 학교생활 규정이 있습니다. 학교생활 규정을 지키지 않은 경우는 어떤 것이 있을까요? 수업시간을 지키지 않고 돌아다니는 학생들이 있습니다. 교내 흡연을 하는 학생들도 있습니다. 실내에서 흡연하는 경우는 엄하게 처벌하기도 하는데요. 이 외에도 여러 가지 사례가 있을 수 있습니다. 학교생활 규정을 위반한 경우에 어떠한 순서에 의해 처리하는지 알아보겠습니다.

1) 학교생활 규정 확인

학생의 행동이 정확한 근거에 의해 지도되어야 합니다. 학교생활 규정을 확인해야 하는 거죠. 학교생활 규정에 없는 내용을 강요할 수는 없습니다. 매년 학교생활 규정을 개정하고 새로운 내용을 반영하거나 기존의 내용을 수정, 보완하는 작업을 합니다. 교사, 학생, 학부모의 의견을 수렴해야 하기에 시간과 노력이 필요하기도 합니다. 학교생활 규정에 근거한 지도를 진행해야 합니다.

학생이 위반한 내용이 확인되면 학생들에게 확인서를 받습니다. 수업에 방해되지 않도록 쉬는 시간이나 별도의 시간을 활용해서 지도합니다. 학교생활 규정을 안내하고요. 잘못한 내용을 인지할 수 있도록 합니다. 생활지도 담당 교사나 담임교사를 통해서 부모님에게 학생의 상황을 안내합니다. 학교생활 규정을 위반하였고, 어떻게 처리가 되는지 정확히 안내해야 민원의 소지가 줄어듭니다.

2) 학생선도위원회 개최

학생들의 개선 의지를 보이는 경우나 경미한 조치의 경우는 학생선도위원회에 상정되지 않기도 합니다. 학교의 내부 규정이나 기타 여러 상황이 있을 수 있으니까요. 학생선도위원회를 개최하여 진행하는 경우는 투명한 처리가 필요합니다. 개최 전의 안내와 개최 이후의 결과 통지서 모두 보호자에게 등기우편으로 발송합니다. 서면으로 통지되어 받아보게 되면서 효력이 발생하게 되거든요.

학생선도위원회를 운영하기 위해서는 미리 위원회를 조직해 두어야 합니다. 회의가 열릴 때마다 위원 명부와 참석자 명부를 작성해 두고 서명을 받아둡니다. 회의록도 기록해 둡니다. 학생선도위원회에서 진행한 결과에 관하여 이의제기를 하는 경우에는 관련한 기록을 징계조정위원회나 행정심판위원회 등에 제출해야 하는 경우가 생기기도 합니다. 기록을 철저히 하고 절차를 지켜야 하는 이유입니다.

3) 징계 사항 이수 안내

학생선도위원회를 통해 결정된 결과가 우편으로 통지된 이후의 상황입니다. 징계 사항이 확정되었다면 관련한 이수를 어떻게 진행할 것인지도 확인합니다. 학생선도위원회에서 받을 수 있는 징계는 교내봉사, 사회봉사, 특별교육, 출석 정지, 퇴학이 있습니다. 이 중에서 퇴학은 고등학교만 해당합니다. 교내봉사는 일과시간 이후에 진행합니다. 일정을 미리 잡아두고, 이수를 할 수 있도록 합니다.

사회봉사, 특별교육은 이수 확인서를 가지고 오면 출석 인정 처리를 합니다. 사회봉사기관과 특별교육기관과의 협조를 통해서 일정을 조율하고 관련한 절차를 진행합니다. 출석 정지는 미인정 결석 처리를 하게 되고요. 퇴학의 경우는 대부분 재심 제도를 신청합니다. 재심 제도에 관하여 안내를 하고 징계조정위원회 결정 결과에 따라 진행하게 됩니다.

학교생활 규정을 위반한 학생들의 처리 방법을 순서에 따라 알아보았습니다. 학교생활 규정을 확인하고 규정이 없다면 반영 절차를 진행합니다. 학생이 잘못한 내용을 인지할 수 있도록 하고요. 보호자에게도 안내합니다. 학생선도위원회를 진행하면서 학생들의 기본 생활습관이 개선될 수 있도록 지도합니다. 부여된 징계를 이수할 수 있도록 안내하고 재발 방지를 위한 약속을 합니다.

3-6. 수업 중 스마트폰을 사용하면 이렇게 해보세요

스마트폰 중독이라고 하죠? 손에서 스마트폰을 떼지 못하는 사람들이 많습니다. 학생들도 예외일 수 없는데요. 문자메시지, SNS, 온라인 게임 등 여러 가지를 수업시간에 하는 학생들도 있습니다. 심지어 전화를 하는 학생까지 있습니다. 수업 중에 말이죠. 선생님이 수업을 진행하고 있고, 다른 학생들은 공부하고 있는데 스마트폰을 사용했을 때는 문제가 발생할 수 있습니다. 이럴 경우 어떻게 대처해야 하는지 알아보겠습니다.

1) 규칙 설정

규칙을 설정할 때는 학년 초나 학기 초에 진행해야 합니다. 규칙을 중간에 변경하는 경우에는 갑자기 적용해서 몰랐다거나 형평성 문제를 제기하는 경우가 많습니다. 학생들의 합의를 통해 규칙을 설정해야 합니다. 미리 수업 중 스마트폰 사용과 관련한 규칙을 설정하도록 하고요. 담임교사나 교과 담당 교사의 입장에서 학급 단위 규칙을 설정합니다.

다른 학생들에게 피해를 주지 않아야 합니다. 특히 수업을 진행하고 있을 때 선생님의 지시에 불응하거나 공격적인 태도를 보이는 경우에는 절차에 따라 진행될 수 있음을 안내해야 합니다. 교사 지시 불이행으로 진행되는 경우는 학생선도위원회로 처리될 수 있고요. 교육활동 침해로 진행되는 경우는 교권보호위원회에 교권 침해 사안으로 처리될 수 있습니다.

2) 학생선도위원회

학생선도위원회는 시·도 교육청별, 학교별로 명칭이 다르기도 합니다. 징계를 줄 수 있는 유형 중 학교장 재량 성격이 강하기도 하고요. 「초·중등교육법」 제18조와 같은 법 시행령 제31조에 의거한 징계를 부여합니다. 학교에는 학교생활 규정이 있습니다. 학생들의 기본 생활습관 형성을 위해 만들어둔 규정이죠. 이를 위반한 경우에 학생선도위원회에서 처리합니다.

학생선도위원회에서는 학교생활 규정에 근거한 징계를 처분합니다. 혹시 관련 규정이 없는 경우는 학교생활 규정 개정 절차를 진행하여 반영해 두어야 합니다. 학생선도위원회는 학생들의 학교생활에 도움을 줄 수 있는 방법으로 운영해야 합니다. 특히 수업 중 스마트폰을 사용하지 못하도록 지도하는 것은 교사의 정당한 지도로 보아야 합니다. 여기에서 조금 변질되는 경우는 교권 침해로 해석될 수 있음을 안내해야 합니다.

3) 교권보호위원회

교권보호위원회에서는 교육활동 침해로 볼 수 있는 사안을 진행합니다. 학생들에게 징계를 부여할 수 있는 방법의 하나이기도 하죠. 수업 중 스마트폰의 사용은 학생선도위원회에서 처리하기도 하지만 선생님에게 욕을 한다거나 몸으로 밀치는 등의 행동을 하는 경우는 교권 침해로 해석될 수 있습니다. 학생들을 지도하는 과정에서 교육활동 침해 사안으로 번지지 않도록 지도해야 합니다.

모든 사안은 발생한 이후에 수습하고 해결하는 것보다 미리 예방하는 것이 좋습니다. 교육활동 침해 사안도 마찬가지죠. 만약 사안이 발생하는 경우 교권보호위원회의 운영 기준에 따라 진행하도록 하고요. 학생을 지도할 때에는 화를 내는 것보다는 잘못한 내용에 관하여 정확히 인지할 수 있도록 해야 합니다. 학생과 학부모에게 관련한 절차와 방법에 관하여 상세히 안내하는 것이 좋습니다.

수업 중 스마트폰을 사용하는 학생들을 대처하는 방법에 관하여 알아보았습니다. 학년 초나 학기 초에 규칙을 설정하고요. 학교생활 규정을 위반할 때는 학생선도위원회에서 처리합니다. 교육활동 침해인 경우에는 교권보호위원회에서 처리를 진행하고요. 학교는 학생들과 선생님들이 함께 미래를 준비하는 공간입니다. 더 나은 미래를 만들기 위해 평화로운 공간으로 인식될 수 있도록 최선을 다해야 합니다.

3-7.
흡연 학생을 적발하면
이렇게 해보세요

학생들의 생활지도를 할 때 발생하는 민원의 상당수는 흡연으로 인한 경우입니다. 국민신문고에 올라오거나 학교에 민원 전화가 오기도 하죠. 학교생활 규정에 따라서 처리하면 되는데요. 학교 내에서 흡연하는 경우도 있지만, 학교 밖에서 이루어지는 경우도 있습니다. 학교의 위치가 도심에 있고, 주변에 아파트 단지가 있는 경우에는 지역 주민들의 민원으로 몸살을 앓기도 합니다. 학생들을 한 명씩 따라다니면서 지도하기도 어려우니까요.

1) 흡연 예방 교육

학교폭력, 교권 침해, 학생 선도 사안 등의 모든 사안은 발생하기 전에 예방하는 것이 좋습니다. 흡연하는 학생도 예외일 수 없습니다. 자신의 몸을 소중하게 여기고 가꿀 수 있도록 안내합니다. 건강한 신체를 가지고 있어야 건강하게 생각하고 행동할 수 있습니다. 담배를 피우는 것은 만병의 근원이라고 합니다. 다른 약물이나 마약 등에 빠지기도 쉬울 수 있습니다.

청소년기 건강한 신체를 형성할 수 있도록 해야 합니다. 학교에서 흡연 예방 활동을 진행하면서 학생들이 자발적인 참여를 할 수 있도록 합니다. 학교생활 규정에 있는 내용으로 흡연 적발 시 처벌될 수 있음을 알리는 것도 좋습니다. 경각심을 줄 수 있고요. 예방 활동에 도움이 되기 때문입니다. 흡연 예방 활동에 관한 예산을 활용해서 학생들과 다양한 활동을 해보는 것도 좋습니다.

2) 학생선도위원회 상정

학교생활 규정에 흡연에 관한 규정이 있는지 확인해야 합니다. 관련한 내용이 없는 경우는 처벌의 근거가 없기 때문입니다. 흡연에 관한 내용이 있다면 어떻게 처벌을 하는지도 확인해 봅니다. 구체적으로 흡연한 장소가 실내인지 실외인지도 확인해서 구분을 해두는 것도 좋습니다. 교실이나 실습실 내에서 흡연하는 경우는 건물 밖에서 흡연한 상황과 다르게 처리하는 것이 좋거든요.

실내 흡연과 실외 흡연의 처리 절차를 학교생활 규정에 구분해서 적용할 수 있도록 작성해 두는 것도 좋습니다. 학생과 보호자가 쉽게 찾아볼 수 있도록 홈페이지에 학교생활 규정을 탑재해 두는 것도 좋습니다. 모든 상황은 발생하지 않도록 하는 것도 중요합니다. 발생한 경우는 재발 방지를 할 수 있도록 하는 것도 중요하죠. 경각심을 줄 수 있도록 관련한 처벌 내용을 알려주는 것도 필요합니다.

3) 자발적인 참여 유도하기

학교 내의 흡연은 학교생활 규정에 따라 처리됩니다. 처벌받기 이전에 하지 않도록 자발적으로 참여할 수 있도록 하는 것이 좋습니다. 누군가 시켜서 어떤 일을 하게 되면 기분도 나쁘고 참여하고 싶은 생각이 사라지기도 합니다. 자신의 신체를 건강하게 유지할 수 있도록 학교 내에서만큼은 흡연하지 않도록 지도하는 것이 필요합니다.

흡연하는 학생들이 자유롭게 뛰어놀 수 있는 환경을 만들어주는 것이 좋습니다. 놀이를 통한 흡연 예방 활동을 하는 것도 좋죠. 놀이를 하면서 자연스럽게 활동이 많아질 수 있어요. 초등뿐만이 아니라 중등에서도 놀이를 통한 교육 활동을 많이 보급하고 있습니다. 자연스럽게 학생들 간의 관계 형성에도 도움이 되고요. 관계성 교육은 학교폭력이나 교육활동 침해 사안을 예방하는 데도 도움이 됩니다.

학생들의 흡연을 적발하고 처리하는 데 많은 감정노동을 하게 됩니다. 규정대로 처리하면 되지만 학생들과의 관계가 틀어지기도 합니다. 학교생활 규정을 확인해 보고 학생들의 흡연을 예방하는 데 초점을 맞춰봅니다. 흡연을 적발한 경우는 정해진 처리 절차에 따라 진행합니다. 형평성 문제가 제기될 수도 있기 때문입니다. 자발적으로 참여할 수 있도록 금연하는 분위기를 만들어주는 것도 좋습니다.

3-8.
SNS에서 문제 행동을 발견하면 이렇게 해보세요

SNS로 많은 정보를 확인할 수 있습니다. 학생들의 일상도 알게 되는데요. 학생들이 자신을 드러내다 보면 선을 넘는 경우가 있습니다. 단체로 음주와 흡연을 하는 사진이나 동영상을 게시하는 거죠. 보통은 자신이 이런 무리에 속해있으니 세 보이려고 하는 경우가 많습니다. 별 의미 없이 게시하기도 하죠. 학교에 피해를 주지 않았는데 뭐가 문제냐고 되묻기도 합니다. 음주와 흡연하는 학생들이 SNS상에서 발견되면 어떻게 대처하실 건가요?

1) 사실 확인

SNS상에 올라온 사진이나 동영상이 모두 사실은 아닙니다. 정확한 사실 확인을 합니다. 관련한 자료를 확보하고요. 필요하다면 목격자 확인도 할 수 있으면 좋고요. 중요한 것은 반드시 해당 학생을 불러 확인해야 합니다. 학생의 보호자에게도 관련한 내용을 알려 가정에서도 지도할 수 있도록 안내합니다. 학생 확인서와 보호자 확인서를 확보해 두고 인지하고 있는지를 함께 확인합니다.

사실을 확인한 후 경미한 경우라면 훈계를 하고 재발 방지를 위한 약속으로 넘어가기도 합니다. 학교생활 규정을 위반한 경우에는 학생선도위원회에 상정하여 진행합니다. 다른 학생들에게도 경종을 울릴 수 있도록 처리해야 합니다. 비슷한 사안이 발생한 경우 형평성에 어긋나지 않도록 진행해야 하고요. 반복된 잘못을 하지 않도록 지도하는 것이 중요합니다.

2) 학생선도위원회

학생선도위원회는 시·도 교육청별, 학교별 명칭이 다릅니다. 학교장의 재량이 강하기 때문이죠. 「초·중등교육법」과 같은 법 시행령에 의거하여 운영되는 위원회입니다. 학생이 학교생활 규정을 위반한 경우에 개최되죠. 입학식부터 학교생활 규정에 관한 안내가 필요합니다. 학생으로서 해야 할 일과 하지 말아야 할 일에 관한 내용을 인지할 수 있도록 지속적으로 안내합니다.

학교에서 하교한 후 교외에서 벌어진 일도 학생선도위원회에서 진행될 수 있다는 것을 안내할 필요가 있습니다. 학교에서 규정하고 있는 규정을 지켜야 한다는 것을 모르기도 합니다. 학생 신분이기 때문에 학생들의 바람직한 생활을 위한 학교의 방침에 따라야 하는 거죠. SNS에서 발견되는 사안들도 학생선도위원회에서 처리될 수 있음을 인지할 수 있도록 합니다.

3) 징계 이수

학생선도위원회 결정이 될 때 선도 사항이 아닌 경우로 나오기도 합니다. 이때는 반복된 잘못을 하지 않도록 하고요. 선도 처분이 나오게 되면 징계를 이수해야 합니다. 교내봉사의 경우는 학교의 일과 시간 이후에 봉사 활동을 할 수 있도록 안내해야 합니다. 시간과 장소를 명확히 안내하고 진행하죠.

사회봉사나 특별교육의 경우는 기관과 일정을 확정해서 안내합니다. 기관을 연계해 주기도 하고, 사회봉사기관을 스스로 찾아 진행하기도 합니다. 이때에는 관련한 서류를 받아서 출석 인정 처리를 해주어야 합니다. 출석 정지도 부과할 수 있습니다. 미인정 결석 처리가 되고요. 고등학교의 경우는 퇴학이 가능한데요. 부당한 처분이라고 생각된다면 불복 절차도 있습니다. 시·도 교육청에 설치된 징계조정위원회에 이의 제기를 할 수도 있습니다.

SNS에서 비행 행동이 발견된 경우의 처리 방법을 살펴보았습니다. 사진이나 동영상을 확보하여 해당 내용을 정확히 확인할 수 있도록 하고요. 당사자를 확인하여 재발 방지를 약속합니다. 학생선도위원회에 상정하여 객관적으로 판단할 수 있도록 하고요. 징계가 부여되었다면 이수할 수 있도록 안내합니다. 학교생활 규정을 입학식부터 지속적으로 안내해서 규정을 지킬 수 있도록 합니다.

3-9. 학생 비행 행동이 경찰에 적발되면 어떻게 하나요?

학생들의 비행 행동이 경찰에 적발되는 경우가 있습니다. 예를 들면 공원 같은 곳에서 술을 마시거나 담배를 피우기도 하고요. 신분증을 위조하는 경우도 있습니다. 위조한 신분증으로 성인들이 드나드는 술집에 들어가는 경우도 있습니다. 경찰에서 이러한 사안이 확인되면 공문으로 통보해 줍니다. 학교에서는 교육적 조치를 통해 학생들의 비행 행동을 예방할 필요가 있습니다.

1) 정확한 사실관계 파악

경찰에서 공문을 보내주는 경우에는 공문을 근거로 정확한 사실관계를 파악해야 합니다. 수사 중인 사안에 관한 내용을 경찰에서 보내주지는 않습니다. 해당 학생을 불러서 정확한 전후 관계를 파악합니다. 이때 육하원칙에 의거해서 확인서를 작성합니다. 언제, 누가,

어디서, 어떻게, 무엇을, 왜 했는지를 정확히 파악해 두어야 합니다. 해당 장소에 누구와 함께 있었는지도 파악해 두는 것이 좋습니다.

경찰에서 학생들의 비행을 알려오는 경우는 지도 목적인 경우가 있습니다. 비행 행동에 관한 지도 목적이라면 학교에서 학생선도위원회나 다른 방법을 통해 재발 방지를 위한 노력을 해야 합니다. 다른 경우는 범죄와 연루된 경우가 있습니다. 이때에는 학생의 사안을 경찰에서 정확하게 파악할 수 있도록 협조해야 합니다. 학교에서 도움을 줄 수 있는 방법은 어떤 것이 있는지 파악하는 것도 필요합니다.

2) 학생선도위원회 개최

경찰에서 알려온 비행 행동에 관한 징계 규정이 학교생활 규정에 있는지 확인합니다. 징계 규정이 없으면 개정 절차를 진행하여 학교생활 규정에 반영합니다. 개정 절차가 진행되는 기간이 길기 때문에 다른 방법을 사용하여 진행하여야 합니다. 생활 규정에 없는 경우 징계를 부여하는 것은 무리일 수 있습니다. 정확한 근거가 필요하기 때문입니다. 징계 규정이 있는 경우에는 학생선도위원회를 개최합니다.

「초·중등교육법」 제18조와 같은 법 제31조에 의한 징계를 부여할 수 있습니다. 학생선도위원회라고 부릅니다. 학생선도위원회의 명칭은 시·도 교육청별, 학교별로 다릅니다. 생활지도위원회, 인성교육위원회 등으로 부르기도 합니다. 위원회의 개최에 관한 안내를 서면으로 통지하고, 개최합니다. 결과 통보서도 문서로 안내합니다. 징계가 부여되는 경우는 징계를 이수할 수 있도록 기관과 연계하여 진행합니다.

3) 예방 교육 진행

학교폭력 사안이나 교육활동 침해 사안, 학생선도위원회 등 모든 사안은 일어나기 전에 예방하는 것이 좋습니다. 일어난 이후에 수습하는 것이 더 복잡하기도 하고, 어렵기도 합니다. 앞으로의 학교생활에 도움이 될 수 있도록 안내하는 것에 목적을 두어야 합니다. 가끔 한 번 비행 행동이 있은 이후에 삐뚤어지는 경우도 있거든요. 경찰에 한 번 적발되었다고 해서 좌절하지 않도록 지도하는 것도 필요합니다.

학생들의 잘못을 계속하지 않도록 안내합니다. 전교생에게 유사한 사안이 발생하지 않도록 하는 것도 필요하구요. 다른 학생들에게 알릴 때는 개인정보보호에 유의해야 합니다. 혹시라도 민감한 정보가 공유되는 경우 또 다른 민원이 발생할 수 있습니다. 학교에는 학교전담 경찰관이 있습니다. 이분들과 함께 예방 교육을 진행하는 것도 좋습니다. 선생님이 전달하는 것과 다른 긍정적인 효과가 발생할 수도 있거든요.

학생들의 비행 행동이 경찰에 적발된 경우에는 어떻게 해야 하는지 확인해 보았습니다. 정확한 사실관계를 파악하고, 경찰에 협조할 수 있도록 합니다. 학교에서는 교육적 조치를 통해 재발하지 않도록 지도하는 것이 필요합니다. 학생선도위원회 등의 개최를 통해 잘못한 내용을 인지하고 개선할 수 있도록 하고요. 재발 방지와 예방 교육을 통해 사안이 발생하지 않도록 하는 것이 필요합니다.

4. 학교폭력 사안의 처리

4-1.
현행 학교폭력 사안 처리 절차의 문제점

2020학년도부터 교육지원청에서 학교폭력대책심의위원회(이하 '학폭위')를 개최하여 학교폭력 사안을 처리하고 있습니다. 기존에 학교에서 처리하던 방식을 변경하여 전문성을 높여 처리하는 방식이기도 합니다. 교육지원청으로 이관된 학폭위 처리 방식에는 문제가 없는지 확인해 보아야 합니다. 학폭위의 조치 결정이 교육적 조치인지 생각해 보아야 하고요. 학폭위원들의 행정적 접근으로 교육적 조치는 사라진 것은 아닌지 확인해 보아야 합니다. 현행 학교폭력 처리 방법은 무엇이 문제인지 확인해 보겠습니다.

1) 처리 시간과 절차

예전 학교에서 학폭위를 개최할 때는 길어야 3주(2주 원칙, 필요한 경우 1주 연장) 안에 모든 절차가 진행되었습니다. 때문에 학폭 담당 교사는 학폭이 접수됨과 동시에 학폭위를 소집하고 회의를 진행하고 결과 통보를 진행하였습니다. 지금은 학교에서 3주(2주+1주), 교육지원청에서 4주(3주+1주)의 시간이 소요됩니다. 긴급한 처리가 요한 상황에서도 최소 한 달여의 시간이 소요됩니다.

사실 확인에 필요한 문서의 양이 증가한 것도 문제입니다. 학폭위원의 사안 처리에 맞춘 문서 처리를 해야 하죠. 학폭위원들의 전문성은 기존에 비해 향상되었을지 모르나 학교 현장의 전문성은 그만큼 받쳐주지 못합니다. 교육적 조치가 아닌 행정적인 접근으로 처리하는 경우가 많고요. 사실을 확인하고 작성해야 하는 문서의 양이 증가했습니다. 결론적으로는 업무 담당자의 일만 증가했습니다.

2) 담당 교사의 권한

학교폭력 책임 교사나 학생부장에게 권한을 부여하지 않고 업무를 진행하도록 하고 있습니다. 심지어 학교폭력인지 아닌지조차 판단하지 못합니다. 학교폭력 여부는 접수하는 초기 단계에서 판단할 수 있도록 해야 합니다. 학폭위에서만 판단하고 있지요. 초기 사실 확인 단계에서 사안 확인서를 학생에게 받는 과정에 조금이라도 학생이 불편함을 호소하는 경우는 아동학대로 신고당하기도 합니다.

사이버상으로 이루어지는 폭력도 증가하고 있는 추세입니다. 학교의 교육활동과 관계없이 벌어진 사안이라고 하더라도 학생이라는 이유로 학교폭력으로 처리하고 있죠. 사이버상에서 이루어진 일에 관하여 교사가 수사할 수 있는 권한이 없습니다. 경찰에 협조 요청을 해야 하는데 수사가 진행되면 경찰에서는 개인정보를 이유로 수사 중인 내용을 교사에게 알려주지 않습니다.

3) 책임만 부여

어떤 일에 관한 책임을 부여하려면 상응하는 권한과 대응할 수 있는 자격을 주어야 하는데 그렇지 못합니다. 각종 민원에 관한 지원도 거의 없습니다. 학교폭력과 관련한 민원이 제기되는 경우를 생각해 보겠습니다. 학교, 관리자 등도 적극적으로 해결하려고 하는 관심을 보이지 않습니다. 업무 담당자에게 모든 책임을 미루고 자신과는 관계없다는 태도를 보이는 경우도 있습니다.

민원을 받은 당사자가 잘못한 것이라고 인식하는 경우가 대부분입니다. 이번 「학교폭력 예방 및 대책에 관한 법률」을 개정하면서 고의 또는 중과실에 의한 경우가 아닌 사안에 관하여 면책 조항이 들어간 것은 환영할 만한 일입니다. 다만 법적으로 규정되어 있다고 하더라도 민원이 들어왔을 때 감정노동에 시달리는 것은 업무 담당 교사입니다. 적극적으로 대응할 수 있는 권한과 자격을 부여하는 것이 필요합니다.

현행 학교폭력 처리 방법에 문제는 없는지 살펴보았습니다. 사안의 초기 단계에서 학교폭력인지 아닌지조차 확인하지 못한 채 민원을 감당하고 있습니다. 현행 학폭위는 처리되는 시간이 너무 오래 걸립니다. 또한 학교폭력을 담당하는 교사에게 권한도 없이 무한 책임을 묻고 있습니다. 각종 민원이 제기되더라도 모든 책임을 업무 담당자에게 떠넘기고 있습니다. 근본적인 제도의 개선이 필요한 시점입니다.

4-2.
학교폭력 사안 처리 어떻게 하나요?

학교폭력과 관련한 새로운 뉴스를 접하게 되는 날이 많습니다. 학생이 피해를 받게 되는 경우 학교폭력으로 처리될 수 있습니다. 피해 학생과 가해 학생의 상담과 관련한 절차를 진행해야 합니다. 어떠한 방법으로 진행해야 효율적으로 진행할 수 있을까요? 가해 학생에게 처벌만 하면 학교폭력 사안의 발생을 예방할 수 있을까요? 학교폭력 사안 처리를 할 때 기억해야 할 내용을 확인해 보겠습니다.

1) 피해 학생

모든 학교폭력 사안은 피해 학생의 입장에서 생각해 보아야 합니다. 피해 학생은 어떠한 피해를 입었고, 어떻게 하면 치유될 수 있는지 확인해 봅니다. 문제는 피해 학생에게 여러 번 반복된 질문을 하게 되는 경우도 있다는 겁니다. 사실 확인을 위한 절차를 진행할 때 이렇게 해보세요. 동의를 구하고 녹취를 하거나 동영상 촬영을 합니다. 사안 조사를 위한 자료로만 활용하고 폐기하면 됩니다.

피해 학생의 정확한 피해 내용을 확인해야 합니다. 사안 조사 보고서를 작성할 때 어떠한 피해를 입었는지 구체적으로 파악해야 하죠. 예를 들면 '배를 몇 대 맞은 것 같다'는 표현보다는 '명치에 3대를 맞았다.'라고 기록하는 것이 좋습니다. 피해 학생이 원하는 보호조치는 어떤 것이 있는지도 확인해 봅니다. 학교폭력 접수와 동시에 진행하는 분리 제도와 학교장 긴급 조치도 고려해서 필요한 조치를 진행합니다.

2) 가해 학생

학교폭력 가해 학생이라고 추정된다고 하더라도 처음부터 가해 학생이라는 표현을 쓰지 않는 것이 좋습니다. 학교폭력 사안을 정확히 확인하지도 않고 결정하고 진행한다고 하는 민원을 받게 될 수도 있거든요. 학교폭력대책심의위원회 결정이 내려올 때까지는 '가해 관련 학생' 또는 '가해 추정 학생'이라는 단어를 사용하는 것이 좋습니다. 평소의 학교생활에 관한 관찰일지나 상담일지를 기록해 두는 것도 필요하고요.

가해 학생의 경우는 재발 방지 약속을 받아두는 것이 필요합니다. 반성하고 잘못한 내용을 인지할 수 있도록 합니다. 학생과 보호자

상담을 진행할 때 관련한 이야기를 합니다. 관찰일지나 상담일지에는 긍정적인 내용도 기록해 둡니다. 학생을 최대한 객관적으로 바라보고 있음을 알 수 있도록 합니다. 가해 학생이라고 하더라도 개선될 수 있고 의도하지 않은 상황이 발생하기도 하기 때문입니다.

3) 예방 교육

모든 사안은 일어나기 전에 예방하는 것이 중요합니다. 사안이 발생한 이후에는 사안 처리 절차에 따라 진행해야 하고요. 피해 학생의 심리적 피해가 발생한 경우에는 되돌리기 어렵기도 합니다. 예방 활동이 필요한 이유죠. 매 학기 학교폭력 예방 교육이 진행되고 있습니다. 형식적으로 진행하는 경우도 있죠. "학교폭력 하지 마세요!"라는 멘트만으로는 부족합니다. 마음에 와닿을 만한 프로그램을 진행하는 것이 좋습니다.

학교폭력 예방 교육을 진행할 때는 교직원 모두가 함께해야 합니다. 담임교사의 조·종례 시간을 활용하고요. 교과 담당 선생님의 수업 중에도 진행합니다. 보건교사에게 치료를 받을 때도 학교폭력 사안이 발생하지 않도록 안내하는 것이 필요하구요. 상담선생님과 이야기할 때도 좋습니다. 수시로 이야기를 나누고 소통하면서 예방 활동은 자연스럽게 이루어지게 됩니다. 사안이 발생한 이전이나 이후 관계없이 학교폭력 예방 교육은 필요합니다.

학교폭력 사안 처리할 때 필요한 내용을 살펴보았습니다. 피해 학생의 입장에서 생각해 보고요. 정확한 피해 정도와 필요한 보호조치를 진행합니다. 가해 학생의 경우는 반성하고 잘못한 내용을 인지할 수 있도록 하고요. 재발하지 않도록 합니다. 모든 사안은 예방이 가장 중요합니다. 교육활동이 이루어지는 모든 시간에 학교폭력 예방 교육을 진행해서 안전한 학교를 만들기 위한 노력을 해야 합니다.

4-3. 학교폭력 사안 이렇게 대처하세요

장난으로 한 행동도 학교폭력에 해당합니다. 받아들이는 입장에서 싫어하는 행동을 하는 경우에 해당하는 거죠. 물리적인 폭력을 행사하는 경우는 명확하게 드러나기도 합니다. SNS상에서 이루어지는 사이버 폭력도 있습니다. 단톡방에서 이루어지기도 하고요. 사실이 아닌 내용을 SNS에 올리면서 시작되기도 합니다. 따돌림과 같은 경우는 명확하게 드러나지 않는 경우도 있습니다. 학교폭력 사안에 대처하는 방법을 알아보겠습니다.

1) 학교폭력 예방 교육

「학교폭력예방법」에 의하면 한 학기에 1회 이상의 학교폭력 예방 교육을 진행해야 합니다. 학생, 학부모, 교사를 대상으로 별도의 내용으로 진행하는 것이 좋습니다. 대상에 따라 다르게 진행하는 것이 좋다고 말씀드린 이유가 있습니다. 역할에 따른 포인트가 다르기 때문이죠. 모든 사안은 발생하기 전에 예방해야 합니다. 학년 초나 학기 초에 학교폭력 예방 교육을 진행해야 하는 이유입니다.

학생들이 서로 공감하고 이해하는 과정에서 소통할 수 있도록 지원해 주는 것이 좋습니다. 학부모님들에게는 자녀의 학교생활을 관찰하고 학교폭력 사안을 파악해서 학교에 알리는 데 중점을 둡니다. 교사들은 학교폭력 사안이 발생하지 않도록 예방에 초점을 두고 진행합니다. 사안이 발견되면 절차에 따라 처리할 수 있도록 합니다. 사안 처리 절차도 명확하게 안내해야 하는 이유입니다.

2) 매뉴얼에 따라 진행하기

학교폭력 사안과 관련하여 학생과 학부모님의 의견을 확인하는 경우 절차에 따라 진행해야 합니다. 사안을 감지나 인지한 경우에도 매뉴얼에 따라 사실을 확인하는 절차를 거칩니다. 학교폭력 사안으로 접수할 때는 117로 접수가 되기도 합니다. 117에서는 학교의 담당자에게 내용을 전달해 주거든요. 사실 확인 절차를 거쳐서 진행하면 됩니다.

학교마다 학교 전담 경찰관(SPO)이 배치되어 있습니다. 경찰의 도움을 받아야 하는 경우에는 이분들에게 필요한 내용을 요청해 보세요. 적극적으로 요청하면서 라포를 쌓다 보면 의외로 잘 해결되는 경우도 있습니다. 학교폭력 사안으로 접수했다면 전담기구에서 학교장 종결이 가능한지도 확인합니다. 학폭위가 개최된 이후 결과에 따른 안내도 진행하고요.

3) 피해 학생과 관계 회복

학교폭력 사안이 발생하면 피해 학생과 가해 학생 간의 관계 회복에 중점을 두어야 합니다. 사안 발생 이전의 상태로 되돌릴 수 있도록 해야 합니다. 피해 학생의 회복이 우선이죠. 생각해 볼 문제가 있습니다. 가해 학생의 처벌이 피해 학생의 회복과 연결이 되는지 따져 보아야 합니다. 처벌이 능사는 아니거든요. 가해 학생의 입장에서는 사법적으로 피해를 보았다고 생각할 수 있습니다.

가해 학생에 대한 처벌은 어떻게 보면 피해의 총량을 증가시키는 제도일 수도 있습니다. 서로의 관계를 회복하고 학교생활을 할 수 있도록 도움을 주어야 합니다. 안심하고 학생들이 학교에 다닐 수 있도록 안내합니다. 상대방의 입장에서 생각하고 행동할 수 있도록 하고요. 피해 학생의 마음을 열고 소통하며 살아갈 수 있도록 지원합니다. 관계를 회복하는 것이 진정한 학교폭력의 해결임을 기억해야 합니다.

학교폭력 사안이 발생했을 때 대처하는 방법에 관하여 알아보았습니다. 장난으로 한 행동도 학교폭력이 될 수 있다는 것을 기억해야 합니다. 학교폭력 예방 교육을 학년 초나 학기 초에 진행해서 사안이 발생하지 않도록 하고요. 사안이 발생했다면 매뉴얼에 따라 진행합니다. 피해 학생의 입장에서 관계를 회복할 수 있도록 합니다. 서로의 관계를 이전 상태로 돌아갈 수 있도록 하는 것이 중요합니다.

4-4.
학생 간 성 사안이 발생하면 어떻게 처리하나요?

안타깝게도 학생 간의 성 사안이 발생하는 경우가 있습니다. 성희롱이나 성폭력 사안이 발생하기도 하고요. 뉴스에서 보도되기도 하는 몰래카메라와 같은 상황도 발행합니다. 성희롱, 성폭력 등에 관한 예방 교육도 진행하고 있지만, 모든 사안을 막지는 못합니다. 관심을 가지고 지켜보며 발생하지 않도록 하는 것이 중요합니다. 학생들의 성 사안이 발생했을 때 고려해야 할 조건을 확인해 보도록 하겠습니다.

1) 경찰 등 수사기관에 신고

피해 학생의 보호에 초점을 맞추고 진행해야 합니다. 가장 먼저 해야 하는 일은 경찰 등 수사기관에 신고하는 일입니다. 112신고를 하는 것이 바람직합니다. 지역에 따라서는 112신고를 하게 되면 무전으로 인근 지역에 안내되는 경우도 있다고 합니다. 성 사안의 경우 많은 사람에게 알려지는 것이 문제가 될 소지가 있기 때문에 117로 신고하도록 안내하기도 합니다.

피해 학생이 여학생인 경우가 대부분입니다. 경찰에서는 해바라기 센터에서 정확한 사실관계를 파악합니다. 심리상담도 진행하고요. 상담을 진행하면서 필요한 증거들을 확보해 둡니다. 최대한 빠른 시간에 수사기관에 신고하고 진행해야 큰 문제가 발생하는 것을 막을 수 있습니다. 2차 피해라고 하죠? 이러한 피해가 재차 발생하면 돌이킬 수 없는 상황이 발생하기도 하니까요. 신중해야 합니다.

2) 학교폭력 사안 처리도 함께 진행

성폭력 사안이라고 해서 학교폭력으로 처리하지 않는 것이 아닙니다. 학교폭력 사안으로 접수하고 동일한 방식으로 처리합니다. 48시간 이내에 사안 보고하구요. 학생 확인서, 학부모 확인서, 분리 확인서 등을 받아둡니다. 사안 조사 보고서를 작성하고요. 학폭위가 열리기 전까지는 피해 학생의 보호를 위한 학교장 긴급 조치를 진행하는 것이 좋습니다. 전담기구에서 학교장 종결 여부를 확인합니다.

성 사안의 경우도 학교장 종결 요건에 해당하는 경우도 많이 있습니다. 학교장 종결 요건에 해당하는 경우는 학교폭력대책심의위원회가 열리지 않을까요? 학생과 보호자가 동의하지 않으면 학폭위가 개최됩니다. 학폭위에서 성 사안의 경우는 엄하게 다루게 됩니다. 모든 폭력 사안이 그렇지만 성 사안의 경우는 더더욱 사회적 통념이 인정하는 사안이 아니기 때문입니다.

3) 피해 학생의 심리적 안정

피해 학생의 심리적 안정이 필요합니다. 수사기관에 신고하고, 학교폭력으로 접수하잖아요? 상당히 불안해할 수 있습니다. 보호자와 긴밀한 협조하에 상담할 수 있도록 안내를 합니다. 학교에는 Wee프로젝트라는 제도가 있습니다. 대부분의 학교에 Wee클래스가 있거든요. Wee클래스의 상담선생님과 심리적 안정을 위한 상담을 진행해 봅니다. 학교에서 해결이 어려운 경우는 Wee센터나 Wee스쿨로 의뢰하기도 합니다.

외부 상담기관에 의뢰하는 경우도 있습니다. 개인마다 선호하는 병원이 있기도 하고요. 상담을 받고 있는 기관이 있는 경우도 있어요. 이런 경우에는 편한 시간대에 상담을 받을 수 있도록 지원해 줍니다. 출결 인정을 위한 방안도 함께 마련해서 안내하고요. 미술치료나 음악치료 등도 많은 도움이 된다고 하니까요. 지역의 여러 심리치료가 가능한 곳을 미리 알아두고 안내하는 것도 좋습니다.

학생 간의 성 사안은 발생하지 않도록 예방하는 것이 좋습니다. 사안이 발생한 이후에는 처리하기도 어렵지만, 회복이 불가능한 경우도 있습니다. 경찰 등의 수사기관에서 진행하는 처리 과정도 지켜보아야 하고요. 학교폭력으로도 처리해야 하니 많은 상처가 생기는 일입니다. 안심하고 학교에 다닐 수 있도록 바람직한 생활습관을 형성할 수 있도록 안내해야 합니다.

4-5. 쌍방 학교폭력 사안은 이렇게 처리하세요

학교폭력 사안을 처리하다 보면 심심치 않게 있는 경우입니다. 서로 피해를 주고받은 사안들인데요. 피해를 주고받는 경우에 처리하기가 애매해지기도 합니다. 처리를 해봐야 해당하는 모든 학생이 생활기록부에 기록될 수도 있잖아요? 애초에 벌어지지 않았으면 되는데 말입니다. 일방적인 피해의 경우에는 간단하게 처리하면 됩니다. 서로 피해를 주고받은 사안의 처리 방법을 알아보겠습니다.

1) 학폭 처리 절차 준수

서로 피해를 주고받은 사안이라고 하더라도 학교폭력 처리 절차는 지켜야 합니다. 사안을 인지하고 48시간 이내에 처리해야 하는 이유입니다. 접수를 진행하면서 학생, 학부모의 확인서를 받아둡니다. 추가로 제출되는 문서가 있을 수 있으니 넉넉하게 배부하고 안내합니다. 상황에 따라서는 휴대폰으로 주고받은 메시지의 내용을 확보하여 제출하기도 합니다.

접수와 동시에 분리 제도를 이용하기도 합니다. 피해 학생 측의 요구로 진행됩니다. 접수일을 기준으로 휴일 포함 7일간 진행됩니다. 학교장 긴급 조치도 알아보아야 합니다. 「학교폭력예방법」에서는 피해 학생 보호조치, 가해 학생 선도조치를 규정하고 있습니다. 학교장의 직권으로 긴급 조치를 진행할 수 있습니다. 가해학생 긴급조치를 이행하지 않는 경우는 학생선도위원회에 상정하여 징계를 부여해야 합니다.

2) 피해, 가해로 접수하기

어느 한쪽의 의견만을 반영하는 경우 또 다른 문제가 발생할 수 있습니다. 피해입은 내용을 기준으로 학생들을 피해, 가해로 접수해서 처리합니다. 시·도 교육청의 지침에 따라 동일한 사안 번호에 피해, 가해를 동시에 처리하기도 합니다. 다른 경우는 피해를 본 내용을 기준으로 사안 번호를 별도로 부여받아 처리하기도 합니다. 중요한 것은 정확한 사안 처리가 진행되어야 합니다.

사안에 관하여 확인하고 정리할 때에는 주어진 양식에 맞게 작성해야 합니다. 유의할 점은 피해를 본 내용과 가해한 내용을 분리하여 작성해야 합니다. 뒤죽박죽 섞여있는 경우 처리할 때 무슨 내용인지 파악하기 어렵기도 합니다. 사안의 발생이 인과관계에 맞게 기술되어 있는지도 확인합니다. 시간순으로 확인하고 기록해야 하는 이유입니다. 정확한 사실관계가 확인되려면 시간순으로 기록해야 합니다.

3) 학교장 종결 제도

2019년 9월부터 학교장 종결 제도가 시행되고 있습니다. 2020학년도 이전까지는 학폭위가 학교에서 열렸습니다. 학교장 종결 제도 시행 초기에는 학교에서 은폐 또는 축소했다는 민원을 받는 것을 예방하기 위해 유명무실하게 운영되기도 했습니다. 2020학년도부터 교육지원청의 학교폭력대책심의위원회에서 학폭에 관한 업무를 맡으면서 학교장 종결 제도를 적극적으로 활용하고 있습니다.

학교장 종결이 가능한지를 판단하려면 학교폭력 전담기구에서 확인해야 합니다. 학교장 종결이 가능한지를 4가지로 판단합니다. 2주 이상의 진단서 제출, 보복 행위 여부, 금전적인 피해, 지속성 등의 요건을 확인하게 되죠. 학교장 종결이 가능한 요건이라고 하더라도 피해 학생과 보호자의 동의를 거쳐야 합니다. 보통은 서로 피해와 가해를 주고받은 경우 학교장 종결에 양쪽 모두 동의하게 됩니다.

학교폭력 사안이 발생한 후에 수습하는 것은 쉬운 일이 아닙니다. 감정의 골이 깊어진 경우 관계를 회복하기 어렵기도 하고요. 이전 상태로 되돌리기 어려운 이유입니다. 사안이 발생한 경우는 최대한 공정하게 처리하여야 합니다. 서로 피해를 주고받은 경우에는 원만하게 해결할 수 있도록 노력해야 합니다. 서로 피해자를 양산하는 방법으로 해결하는 것보다는 앞으로의 학교생활을 잘할 수 있도록 하는 데 초점을 맞추어야 합니다.

4-6.
장애 학생의 학교폭력이 발생하면 어떻게 할까요?

장애 학생의 경우라고 해서 다르게 처리하지는 않습니다. 같은 방법으로 처리하면 되지만 신경 써야 하는 포인트가 있습니다. 지적장애 학생의 경우는 상황에 관한 정확한 파악이 어렵기도 합니다. 관련한 이야기를 나눌 때 녹음, 영상을 녹화해서 자료로 활용하는 것도 좋습니다. 최대한 객관적인 자료를 확보할 수 있도록 특수교사의 도움을 요청하는 것도 좋습니다. 장애 학생의 학교폭력 사안에 대처하는 방법을 알아보겠습니다.

1) 사안 처리 방법에 따라 처리

학교폭력 사안 처리 방법과 같은 방법으로 처리하면 됩니다. 48시간 이내에 접수하고요. 학교폭력 전담기구에서 관련한 내용을 파악합니다. 피해 사실과 가해 사실을 확인하는 거죠. 혹시 성 사안이 발견되었다면 즉시 경찰에 신고하여야 합니다. 사안을 파악하고 전담기구 회의를 진행합니다. 학교장 종결로 처리가 가능한 경우는 피해 학생과 보호자의 동의를 얻어 종결 처리합니다.

전담기구에서 학교장 종결이 불가능한 사안으로 파악되는 경우와 피해 학생과 보호자가 동의하지 않는 경우는 학교폭력대책심의위원회 개최 요청을 합니다. 학폭위에서는 관련한 내용을 심의하고 피해 학생의 보호조치와 가해 학생의 선도 조치를 진행합니다. 학폭위가 열리기 전이라도 긴급한 상황인 경우는 학교장 긴급 조치를 통해 관련한 조치를 진행하고 학폭위의 추인을 받으면 됩니다.

2) 학교폭력 예방 교육

장애 학생의 학교폭력 사안의 해결 방법으로 학교폭력 예방 교육을 이야기하는 것은 모순일 수 있습니다. 학교폭력 사안이 발생한 이후라도 추가로 발생하지 않도록 예방하는 차원에서 접근해야 합니다. 장애 학생에 관한 학교폭력 사안의 가해 학생 선도 조치는 가중처벌 대상입니다. 학생들에게 이러한 사실을 인지할 수 있도록 안내해야 합니다.

학교폭력 사안은 발생 후 수습하는 것보다 예방하는 것이 중요합니다. 피해 학생이 심리적으로 위축된 경우 회복되기 어렵기도 합니다. 서로의 다름을 인정하고 부족한 점이 있으면 도와주어야 함을 알려주어야 합니다. 사회의 일원으로 살아가기 위해 필요한 것에 관한 교육도 필요합니다. 서로의 관계를 잘 유지하고 더불어 살아갈 수 있는 방법에 관한 안내도 해주어야 합니다.

3) 문서 작성에 반영

장애 학생의 경우 학교폭력 접수 보고 단계부터 체크해야 하는 내용이 있습니다. 사안 접수 보고서상에도 기재하게 되어있거든요. 장애 유형이나 영역, 정도를 기록해 두어야 합니다. 특수교사의 의견서도 확보해 두는 것이 좋습니다. 학부모의 입장에 관한 내용은 학부모 확인서상에 작성합니다. 부족한 내용은 추가로 받아두는 것도 좋고요.

학폭위에서 가해 학생의 선도 조치를 결정할 때 심각성, 지속성, 고의성, 반성 정도, 화해 정도를 고려하여 결정합니다. 그 이후 선도 가능성과 피해 학생이 장애 학생인지를 확인하게 되거든요. 이때 종합적으로 판단할 수 있도록 객관적인 자료를 확보해야 합니다. 의사 표현을 하지 못하는 경우는 의사의 소견서도 확보해서 제출할 수 있도록 보호자에게 안내합니다.

장애 학생의 학교폭력 사안 발생 시 대처 방법을 알아보았습니다. 학교폭력 사안 처리 방법으로 처리하고요. 성 사안은 경찰에 신고합니다. 학교폭력 전담기구에서 객관적인 자료를 확보하여 문서를 작성하고요. 학교폭력 사안을 예방할 수 있도록 예방 교육도 진행합니다. 장애 학생의 경우는 학폭위의 결정에서 가중처벌 될 수 있습니다. 서로의 부족한 부분을 채워주고 도움을 줄 수 있도록 안내합니다.

4-7. 학교폭력 사안 접수할 때 이렇게 확인하세요

학생들이 피해를 입은 폭력 사안은 대부분 학교폭력에 해당될 수 있습니다. 심리적, 물리적 피해를 포함하죠. 학생들이 입은 피해를 이야기하기 때문에 가해자가 일반인이더라도 학교폭력으로 처리할 수 있습니다. 다만 학생의 보호조치만 가능하죠. 장소를 학교 내외로 규정하여 생기는 불합리한 점들을 해결해야 할 과제입니다. 학교 현장이 정상화될 수 있도록 학교폭력 처리 방식의 개선이 필요합니다.

1) 피해(관련) 학생 확인

학교폭력 사안을 접수할 때 가장 먼저 해야 할 일은 무엇일까요? 바로 피해 학생의 피해 정도를 확인하는 겁니다. 어떠한 피해를 입었는지 구체적으로 증빙할 자료가 필요합니다. 신체적 폭력의 경우는 사진을 찍어두거나 CCTV 영상 등의 확보가 필요합니다. 병원 진료 기록이나 진단서를 준비하는 것도 필요하고요. 사이버 폭력의 경우 문자메시지, 카카오톡 메시지 등은 활용할 수 있는 근거가 되죠.

학교에는 학교폭력 사안을 담당하는 학교폭력 전담기구가 있습니다. 전담기구에서는 학교폭력 예방 교육을 비롯한 사안의 접수와 확인을 진행합니다. 확인한 내용을 바탕으로 학교장 종결 여부를 확인할 수 있습니다. 종결 가능한 4가지 요건을 확인해 보는 거죠. 학교장 종결 요건에 해당하더라도 피해 학생과 보호자의 동의에 따라 학폭위가 개최될 수 있습니다.

2) 가해(관련) 학생 확인

가해 학생도 확인해야 합니다. 자신이 한 일에 관한 인정을 하고 있는지 확인합니다. 반성 여부도 함께 확인하죠. 가해 학생에 관한 상담을 진행할 경우는 보호자와 상담을 먼저 하는 것도 좋습니다. 학생과 함께 학교폭력 사안의 확인을 해도 좋은지 확인하고 진행하는 거죠. 급하더라도 보호자의 동의를 먼저 얻고 진행하는 것을 추천합니다.

가해 학생의 경우도 사연이 있습니다. 상담을 진행하면서 들어줍니다. 계속 듣다 보면 피해 학생의 이야기와 함께 조합이 되는 경우가 대부분입니다. 그때 시나리오를 작성하고 사안 조사 보고서에 기록

합니다. 가해 학생이 자신의 행동에 관한 반성을 하고 있는지도 확인해 봅니다. 피해를 준 것은 무엇인지 어떻게 해결할 수 있는지 이야기해 봅니다.

3) 관계 회복 방안 찾기

학교폭력 사안을 접수하고 확인하면서 해야 할 일이 있습니다. 학교폭력 사안 처리는 어떤 이유로 하나요? 처벌이 목적이 아닙니다. 학생들의 정상적인 학교생활을 유지하기 위함임을 기억해야 합니다. 학교폭력 사안의 발생 이전으로 되돌리기는 어렵습니다. 관계를 회복할 수 있는 방안을 찾아야 하는 이유죠. 학생들 간의 관계를 어떠한 방법으로 회복할 수 있을지 고민해 보아야 합니다.

피해 학생의 심리적인 고통은 이루 말할 수 없습니다. 가해 학생의 반성과 재발 방지 약속도 필요하고요. 피해 학생의 치유와 가해 학생의 반성은 별개의 문제입니다. 해결 방안을 찾아야 하고요. 학교폭력 사안의 심각성, 지속성, 고의성, 반성 정도, 화해 정도를 파악해 봅니다. 학생들에게 도움을 줄 수 있는 방법을 찾아 제공합니다. 피해 학생이 어떤 고통을 받았는지 공감하고 소통할 수 있도록 해야 합니다.

학교폭력 사안을 접수할 때 확인할 3가지 내용을 살펴보았습니다. 피해 학생의 피해 정도를 확인해 보고요. 가해 학생의 반성 정도도 확인합니다. 어떤 방식으로 관계를 회복해야 할지에 관한 고민도 필요합니다. 학생들의 관계가 회복될 수 있는 방안을 구안해야 합니다. 피해 학생의 심리적 고통을 치유해 주어야 합니다. 서로 공감하고 소통하는 방법을 안내해야 합니다.

4-8. '학교장 종결제' 이렇게 적용하세요

학생들이 학교 내외에서 발생한 정신적, 신체적인 피해가 있다면 어떻게 해야 하나요? 학교폭력으로 접수해서 처리합니다. 학교에서 학교폭력 사안을 접수하고 처리하는 과정에서 모두 학교폭력대책심의위원회를 개최하지는 않습니다. 학교 내에 구성되어 있는 기구에서 학교장 종결제가 가능한지를 판단해서 진행하거든요. 학교장 종결제를 진행할 때 어떤 점을 기억해야 하는지 확인해 보겠습니다.

1) 학교폭력 전담기구

학교폭력 전담기구의 역할을 이해해야 합니다. 학교에서 학교폭력 사안을 접수하고 처리하는 기구입니다. 학교폭력 예방 교육을 비롯한 학교폭력 실태 조사, 학교생활 기록부의 기록과 삭제 등 학교폭력 업무를 총괄하는 기구죠. 여러 가지 기능 중 학교장 종결제에 국한해서 이야기하는 경우가 있습니다. 정확한 사안 처리 방법을 모르고 이야기하는 것이니 믿고 거르시면 됩니다.

학교폭력이 접수되면 학교폭력 전담기구에서 어떤 일을 할까요? 소속 교직원에게 사안의 정확한 확인을 위해 협조를 요청합니다. 이때 담임교사의 역할이 중요합니다. 학생, 학부모와 상담을 부드럽게 할 수 있어야 하죠. 상담을 진행하다가 답변하기 어려운 경우는 어떻게 하나요? 학교폭력 업무를 담당하는 교사나 담당 부서 부장님께 도움을 요청하면 됩니다.

2) 학교장 종결 여부

2019학년도 9월 1일부터 학교장 종결제가 시행되고 있죠. 예전 학교폭력 사안 처리를 할 때는 학교장 종결로 진행하면 은폐 또는 축소를 한다는 민원을 제기했습니다. 도입 초반에 유명무실하게 모두 학폭위로 진행하는 분위기였던 이유입니다. 지금은 어느 정도 정착이 되었습니다. 학교폭력 전담기구에서 학교장 종결이 가능한지를 판단합니다.

학교장 종결이 가능한지 판단하는 4가지 요건을 확인해 보겠습니다. 2주 이상의 진단서가 제출되었는지 확인합니다. 재산상의 피해가 없어야 하고요. 지속적이지 않아야 합니다. 보복행위가 아니어야 하고요. 이 4가지 요건에 모두 해당하는 경우 학교장 종결 요건에 해당하는 겁니다. 물론 학교장 종결이 가능한 4가지 요건에 해당하지 않는 경우는 바로 학교폭력대책심의위원회 개최를 요청합니다.

3) 피해 학생과 보호자 의견

학교장 종결제의 취지는 학교장 종결 가능 여부를 '판단'하는 데 초점을 맞추고 있습니다. 학교폭력 사안 처리의 방향성은 피해 학생과 보호자의 의견을 청취하여 결정합니다. 접수할 때부터 적용되죠. 방향성 없이 처리하는 경우 또 다른 문제가 생길 수 있습니다. 전담기구에서 학교장 종결로 결정되었다고 표현하는 경우가 있는데, 이때도 믿고 거르세요. 잘못 설명하고 있는 거니까요.

다시 정리해 보겠습니다. 학교폭력 전담기구에서 학교장 종결이 가능한지를 확인합니다. 4가지 요건에 어느 하나라도 해당되지 않는 경우 학폭위 개최 요청을 해야 하고요. 학교장 종결에 해당하는 경우는 바로 종결 처리가 아닙니다. 피해 학생과 보호자의 의견을 청취해야 합니다. 학교장 종결에 동의하는 경우는 종결 처리로 진행하고요. 동의하지 않으면 학폭위 개최 요청을 합니다.

학교폭력 사안이 확인되어 접수한 이후 많은 민원이 오가게 됩니다. 피해 학생은 피해 학생대로, 가해 학생은 가해 학생대로 힘든 시간이 지나가고요. 학교에서 최대한 공정하게 처리하려고 노력합니다.

담당 교사는 정확한 처리 방법을 숙지하고 있어야 민원도 줄어들게 됩니다. 업무 담당자는 학교장 종결제에 관한 내용도 오해의 소지가 없도록 잘 설명할 수 있어야 합니다.

4-9. 학교폭력대책심의위원회에서는 어떻게 확인하나요?

학교폭력 사안이 확인되면 어떻게 처리하나요? 학교에서 학교폭력 사안으로 접수를 하죠. 48시간 이내에 교육청에 보고합니다. 이후 학교폭력 전담기구에서 사안을 확인하고요. 학교장 종결 가능 여부를 확인합니다. 4가지 요건에 해당하는 경우 피해 학생과 보호자의 동의를 거쳐 종결이 가능하고요. 동의하지 않거나 4가지 요건에 하나라도 해당하지 않으면 학폭위 개최 요청을 합니다. 학폭위에서 확인하는 내용을 알아보겠습니다.

1) 피해 학생

피해 학생의 정확한 피해 여부를 확인합니다. 피해를 주장하는 내용의 사실 여부를 확인합니다. 학교에서 제출된 '학교폭력 사안 접수 보고서'와 '사안 조사 보고서'를 바탕으로 진행하죠. 어떠한 피해를 입었는지를 확인합니다. 해결할 수 있는 방법은 어떤 것이 있는지도 알아보게 됩니다. 피해 학생의 심정은 어떠한지 확인하고요. 현재 학교생활을 정상적으로 하고 있는지도 확인합니다.

피해 학생이 심리적인 피해를 입었다면 구체적으로 어떠한 내용인지 확인합니다. 상해 등의 물리적인 피해가 있는 경우 구체적인 증빙자료를 바탕으로 판단합니다. 치료는 어떻게 받고 있는지, 해결이 가능한지도 확인하게 됩니다. 관련한 진단서나 진료확인서를 제출받는 이유죠. 학폭위가 개최될 때까지 제출하지 못한 경우는 위원들이 확인할 수 있도록 당일 제출합니다.

2) 가해 학생

가해 학생의 반성 정도도 확인합니다. 사실 내용을 바탕으로 어떻게 생각하고 있는지도 파악합니다. 특히 피해 학생과 관계가 개선되었는지가 중요합니다. 관계 회복 여부와 화해 정도를 확인하여 조치결정을 합니다. 피해 학생의 심각성, 지속성, 고의성 여부도 함께 판단하게 되죠. 피해 학생이 장애 학생이라면 가중해서 결정될 수 있습니다.

학폭위에 참석한 가해 학생은 사실 여부를 바탕으로 진술해야 합니다. 자신의 행동에 관하여 인정하여야 하는 내용은 인정합니다. 해당 행동에 관하여 반성하고 있다면 구체적으로 이야기합니다. 가해 학생의 경우 상황에 따라 인정하고 싶지 않거나 억울한 내용이 있을 수 있습니다. 정확히 어떤 내용인지 이야기를 하는 것이 좋습니다. 입장에 따라 시각이 다를 수 있고, 생각이 다를 수 있으니까요.

3) 학폭위 처분 결정

학폭위에서는 해당 내용이 학교폭력에 해당하는지부터 확인합니다. 학생이 학교 내외에서 심리적, 물리적 피해를 입은 경우로 확인되면 학교폭력으로 결정됩니다. 학교폭력의 정의를 광범위하게 규정하고 있습니다. 학교폭력 사안을 확인할 때는 학교에서 제출한 서류를 바탕으로 진행합니다. 피해 학생의 피해 정도를 확인합니다. 가해 학생의 행위와 반성 정도도 반영하죠.

「학교폭력예방법」 제16조에 따라 피해 학생의 보호조치를 결정합니다. 피해 학생 보호조치는 권고 사항이니 학생과 보호자의 의견에 따라 이행하지 않아도 됩니다. 같은 법 제17조에 따라 가해 학생의 선도 조치도 결정합니다. 징계를 부과하게 되죠. 피해 학생 보호조치와 가해 학생 선도 조치는 우편 발송됩니다. 학교에도 이 같은 내용을 확인하고 이행할 수 있도록 공문으로 안내합니다.

학교폭력대책심의위원회에서 진행하는 내용을 개략적으로 살펴보았습니다. 피해 학생의 정확한 피해 여부를 확인하고요. 가해 학생의 행위와 반성 정도를 확인합니다. 학폭위에서는 학교폭력의 심각성,

지속성, 고의성, 반성 정도, 화해 정도를 종합적으로 고려하여 결정합니다. 학폭위의 목적은 징계를 부과하는 것이 아닙니다. 교육적 조치를 통하여 학생들이 학교생활을 잘할 수 있도록 도움을 주어야 합니다.

4-10. 학교폭력 결과 통지 이후 이렇게 확인해 보세요

학교폭력 사안이 접수되고 학교폭력대책심의위원회의 개최가 진행된 이후에는 어떤 일들이 진행될까요? 학폭위에서 객관적인 증거와 절차에 따라 진행합니다. 학교폭력인지 아닌지를 파악해서 학생들에게 교육적 조치를 내리는 데 초점을 맞추고 있습니다. 학교폭력 결과 통지 이후 학교폭력의 피해 학생, 가해 학생, 담당 교사의 측면에서 살펴보겠습니다.

1) 피해 학생

학교폭력이 접수되었다고 하더라도 결과가 나오기 전까지는 학교폭력 관련 학생이나 추정 학생이라는 표현을 사용합니다. 학폭위에서 학교폭력이라고 판단하고 결과가 나온 이후는 명확하게 피해 학생으로 분류하죠. 학교폭력 피해 학생의 보호조치에 대한 이행을 안내합니다. 피해 학생 보호조치의 경우는 선택이 가능하기 때문에 학폭위의 조치 결과를 모두 이행하지는 않아도 됩니다.

학교에서는 피해 학생의 조치 결과에 따라 상담을 진행하는 것도 좋습니다. 심리적인 피해를 호소하는 경우가 있기 때문입니다. 외부기관에 연계하거나 Wee프로젝트를 활용합니다. 학교의 Wee클래스, Wee센터, Wee스쿨 등의 상담기관에 연계하여 학교에 잘 적응할 수 있도록 안내합니다. 가해 학생과 피해 학생은 가급적 분리될 수 있도록 최선의 조치를 진행합니다.

2) 가해 학생

학교폭력의 가해 학생으로 확인되어 조치 결정이 나온 경우를 살펴보겠습니다. 가해 학생은 해당 사안에 관한 반성이 필요합니다. 관련하여 비슷한 사안이 발생하지 않도록 재발 방지를 약속받는 것도 중요하죠. 학교폭력 조치 결정에 따라 가해 학생의 선도 조치에 관한 이행을 안내합니다. 학사 일정이나 학생 개인 및 보호자의 일정을 조율하여 각각의 조치를 이행할 수 있도록 합니다.

다른 학생들과 함께 학교생활에 잘 적응할 수 있도록 안내할 필요도 있습니다. 자신의 생각과 다른 학생들의 생각이 다를 수 있음을 알려주어야 하고요. 학교폭력 가해 학생의 경우는 생활기록부에 관련한 내용이 기재될 수 있음을 안내합니다. 1호 서면 사과를 제외한

다른 조치(2호~4호, 6~8호)는 학생과 학부모의 특별교육이 병과되고 있음을 함께 안내합니다.

3) 담당 교사

교육지원청에서 진행하는 학교폭력 사안의 결과 통지는 피해 학생과 가해 학생의 경우 우편으로 통지를 받게 되지요. 학교는 공문으로 받게 됩니다. 학교에서는 어떠한 일을 진행해야 할까요? 공문을 받는 즉시 학교생활 기록부에 기록합니다. 단, 가해 학생 선도 조치의 1, 2, 3호의 경우는 1회에 한하여 기재 유보 대장에 기록해 둡니다. 재발하거나 이행을 하지 않는 경우에 학교생활 기록부에 기재하죠.

학교폭력 책임 교사나 학생부장의 경우는 학생과 보호자에게 관련 절차에 관한 이행을 안내합니다. 가해 학생의 경우 선도 조치를 이행할 수 있도록 기관과 일정 조율을 하여 안내합니다. 또한 학교폭력 기재 유보 대장이나 사안 관리 대장에 관련한 내용을 기재해 두어야 합니다. 학년 말 졸업 시 학교생활 기록부 삭제 대상자 명단을 작성하여 관련한 절차를 진행해야 합니다.

학폭위가 열린 이후에 학교폭력 결과 통지를 받았을 때 해야 할 일에 관하여 알아보았습니다. 학폭위에서는 학교폭력의 유무를 판단하고, 피해 학생의 치유와 가해 학생의 선도를 위한 결정을 하죠. 학교폭력이 일어나지 않아야겠지만, 발생한 경우 잘 수습하는 것도 필요합니다. 관련한 절차가 진행될 때 담당 교사의 입장에서 서로의 입장을 잘 파악해서 합리적인 결과가 나올 수 있도록 합니다.

5. 예방 활동

5-1.
학생의 문제 행동 발견 시 대처 방법

코로나19로 인한 거리 두기를 장기간 진행했잖아요? 학생들 간의 관계성에 관하여 고민을 하는 경우가 많아졌습니다. 말은 어떻게 해야 하는지를 묻는 경우도 있습니다. SNS 또는 문자메시지로 이야기하는 것이 편하다고 이야기하기도 합니다. 친구들과 관계 형성을 위한 말하기 방법에는 어떤 것들이 있는지 확인해 보겠습니다. 말은 크게 자신의 마음속으로 하는 말과 다른 사람이 하는 말로 나뉠 수 있습니다.

자신이 마음속으로 하는 말에 관하여 알아보겠습니다. 긍정적인 생각과 마음을 가지는 것이 중요합니다. 생각하는 대로 행동으로 표현되는 경우가 많잖아요? 말이나 행동으로 표현될 수 있기 때문입니다. 나에게 힘을 주는 마음속의 말을 통해 자기 예언을 하기도 하고요. 실망감이나 우울감을 안겨주는 생각을 하기도 합니다. 마음을 긍정적으로 가져야 잘못된 신념을 갖지 않을 수 있습니다. 지나친 우울감은 극단적인 선택을 가지고 올 수도 있습니다.

다른 사람이 하는 말도 긍정적인 면과 부정적인 면이 있을 수 있습니다. 어떤 일을 축하해 주거나 칭찬하는 일들은 긍정적인 면이고요. 책임이나 비평을 위한 말을 들으면 기분이 언짢아지기도 합니다. 가스라이팅 당하는 기분이 든다고 하면 사람을 만나는 것조차 싫어지기도 하죠. 여러분이 수업을 진행하던 선생님이시라면 어떻게 대처하실 건가요?

수업을 진행하는 중 학생들 간의 의견 다툼이 있었습니다. 언성이 높아지더니 욕을 하기도 합니다. 주변에서 말려보지만 서로 밀치다가 결국은 주먹이 오가는 상황이 발생했습니다. 수업 중이고, 학생들이 많이 있는 교실입니다. 감정이 격해진 학생들이 있죠. 주변을 목격한 학생도 있습니다. 일단 공간의 이동이 필요합니다. 공간을 이동하면서 시간을 보내기도 하고 걸어가면서 약간의 생각이 바뀌기도 합니다. 교무실에 연락해서 수업 중 이런 상황이 발생했으니 수업을 대신할 선생님을 찾아보는 것도 방법입니다. 아니면 수업은 끝까지 진행하고 학생부 선생님이나 상담선생님 또는 보건선생님께 상황 파악을 부탁드리는 방법도 있겠네요.

학생이 건물 뒤에서 흡연을 하고 있습니다. 지나가던 중 선생님이 적발하신 거죠. 이 학생을 오라고 하니 뭐라고 혼잣말을 하며 다른 곳으로 가버립니다. 선생님이 이 상황에 어떻게 대처하실 건가요? 이때 화를 내시면 안 됩니다. 웃으면서 대처하셔도 됩니다. 대신 '혼'을 내셔야 합니다. 어떤 행동을 잘못한 건지 정확히 알려주셔야죠. '학생이 흡연하는 것은 잘못된 행동이다', '학교는 금연구역이다.'라고 하는 것을 알려주어야 합니다. 격한 감정으로 학생을 대하면 문제가 생기기 쉽습니다. 요즘 학생들은 자신에게 피해가 발생하였다고 생각이 되면 민원을 여기저기에 제기하기도 합니다. 선생님이 오히려 곤란한 상황이 발생할 수도 있습니다.

학생들의 생활지도를 하다 보면 화가 나고 짜증이 날 때도 있습니다. 이때 한번 웃어보세요. 억지로라도 웃는 겁니다. 생각이 바뀌실 겁니다. 머릿속에서는 화가 나고 짜증이 나는데 입은 웃고 있으니까요. '내가 왜 이러고 있지?'라는 생각도 들고요. 학생들의 말에 너무 상처받지 마세요. 학생은 아직 몰라서 그런 겁니다. 선생님은 어른이잖아요? 어른의 관점에서 학생을 대해야 해요. 그렇다고 어린아이 대하듯이 대하는 게 아니라 학생의 생각과 의견은 존중해 주되 잘못된 행동을 개선할 수 있도록 지도합니다.

행동을 개선할 때는 먼저 잘못된 행동이 무엇인지를 알려줍니다. 다음은 개선해야 하는 목표를 알려주죠. 목표를 학생 본인이 설정하도록 하는 것도 좋습니다. 예를 들어 하루에 한 갑 정도의 흡연을 하는 학생이라고 한다면 하루에 5~8개비 정도만 흡연하는 것으로 1달만 시도해 보자고 하는 목표를 설정하도록 합니다.

목표를 설정한 이후에는 실행이 가능하도록 어떤 방법을 쓰면 될지 함께 알아봅니다. 몇 가지 방법을 학생과 함께 고민하며 찾아봅니다. 습관이라고 하는 것이 순식간에 만들어지지 않으니 의지를 가지고 개선할 수 있도록 도움을 주는 것이 필요합니다. 하루하루 체크를 해주고 피드백을 주는 것도 습관 형성에 많은 도움을 줄 수 있습니다.

5-2.
생활지도 프로그램 이렇게 만들어보세요

학생들의 생활지도를 하다 보면 학교만의 프로그램이 필요함을 느끼게 됩니다. 교육청에서 요구하는 각종 사업이 많이 있는데요. 각각의 사업을 진행하다 보면 학교 특색을 고려하지 않고 사업의 구색을 맞추기 위해 신경 써야 하는 경우가 많이 있습니다. 생활지도 프로그램을 개발해서 하나의 틀을 만들어두면 다양하게 활용할 수 있습니다. 프로그램을 개발하는 데 필요한 3가지를 확인해 보도록 하겠습니다.

1) 학교 특성 분석

가장 먼저 학생들의 특성을 분석해야 합니다. 어떠한 성향의 학생들로 구성되어 있는지 확인해 보는 거죠. 학생들의 관심사는 어떠한 것들이 있는지, 부족한 것은 무엇인지를 확인해 봅니다. SWOT 분석을 활용해 보는 것도 좋습니다. 강점, 약점, 기회, 위기 요인들을 종합적으로 분석해서 확인해 보는 겁니다. 학생들의 요구 사항들도 찾아봅니다. 필요한 것들을 채워주면서 프로그램을 진행하면 호응도 좋습니다.

학교의 특성도 분석해 봅니다. 교직원의 구성은 어떻게 되어있는지 확인해 보고요. 교직원들의 능력도 함께 분석하게 됩니다. 학생들에게 알려줄 수 있는 학습 내용도 풍부하게 전달할 수 있습니다. 학부모님들이 원하는 것은 무엇인지도 알아봅니다. 여러 가지 상황을 복합적으로 확인하고 프로그램을 구안하는 것이 좋습니다. 학교만의 개성 있는 생활지도 프로그램을 만들어내는 데 많은 도움이 되거든요.

2) 학생자치회 활성화

학교만의 개성 있는 프로그램을 운영할 때 가장 중요한 것이 있습니다. '운영의 주체는 어떻게 할 것인가?'입니다. 선생님들이 계획한 내용을 학생들에게 하라고 시킬 것인지 학생들의 주도하에 계획부터 실행까지 맡길 것인지를 결정해야 합니다. 물론 학생들이 계획하고 실행하는 전 과정에서 담당 선생님의 조력이 필요합니다. 대부분의 학교에서 학생 주도의 프로그램을 운영하려고 노력은 하지만 뜻대로 운영되기는 어렵습니다.

학생자치회를 활성화해야 하는 이유입니다. 담당 교사는 도움을 주는 역할을 합니다. 계획을 세우고 실행을 하는 데 조력해 주면서 학생들이 스스로 움직일 수 있도록 합니다. 어느 정도 움직일 수 있도록 해주면 이후로는 자동화되는 것을 확인할 수 있습니다. 진행해야 하는 프로그램을 제시하고 이러한 방법으로 운영하면 된다는 것을 안내하면 되는 거죠.

3) 프로그램 개발

학교 특성을 분석하고 학생자치회가 활성화되면 준비는 끝났습니다. 학교 특성에 맞는 프로그램은 어떻게 개발해야 할까요? 제목과 운영 내용, 프로그램을 어떻게 구안할 것인지 확인해 봅니다. 학교에서 매년 해야 하는 일들이 있습니다. 흡연 예방 사업, 학교폭력 예방 교육, 아동학대 예방 교육 등등이 있고요. 이러한 내용을 캠페인 활동을 통해 할 것인지 봉사 활동으로 진행할 것인지도 결정합니다.

각종 프로그램을 개발해서 전체적인 뼈대를 결정한 이후에 제목을 결정하는 것을 추천합니다. 구체적인 진행 내용을 담은 이름으로 제목을 설정하게 되는데요. 학교 구성원에게 명칭을 공모하는 방법도 좋습니다. 우리가 만들어낸 이름이라고 하는 자부심을 갖게 하는 거죠. 학교생활 규정을 지키고 각종 예방 활동을 함께하면서 고유한 학교 문화를 만들어 낼 수 있습니다.

학교만의 특성이 있는 생활지도 프로그램을 만들어내는 방법에 관하여 알아보았습니다. 학교의 특성을 분석해 봅니다. 학생, 학부모, 교직원을 분석하는 거죠. 학생 주도의 프로그램을 운영할 수 있도록 지원해 줍니다. 학교에서 만들어낸 프로그램을 잘 운영할 수 있도록 합니다. 학교생활 규정을 어긴 학생들도 징계만 줄 것이 아니라 사제동행 프로그램을 구안해서 함께 어우러질 수 있도록 하는 방법도 좋습니다.

5-3. 학생 사안 발생 예방 방법

선생님들은 학생들과 라포 형성을 해두는 것이 좋습니다. 좋은 관계를 유지하고 있을 때 새로운 문제가 발생하지 않습니다. 학생들의 사안이 발생하는 유형은 3가지로 정리됩니다. 교육활동 침해, 학생 선도 사안, 학교폭력 사안이죠. 학생 사안의 발생을 예방하는 방법은 어떤 것이 있을까요? 사안이 발생하고 수습하는 것보다 예방에 초점을 맞추고 진행하는 것이 효율적이기도 하거든요. 지금부터 사안 발생을 예방하는 방법을 알아보겠습니다.

1) 관계성 교육

요즘 학생들은 어떻게 친구가 되는지 알지 못하는 경우도 있습니다. 친구들끼리 관계는 어떻게 형성하고 유지해갈 수 있을지에 관한 고민을 할 수 있도록 해야 합니다. 코로나19로 인한 거리 두기로 학생들에게 관계성 교육을 하지 못하고 지내왔습니다. SNS를 통한 소통 방식으로 인해 전통적인 관계를 형성하는 방법과는 다른 방식으로 관계를 유지하기도 합니다.

서로 일정한 거리를 두면서 관계를 유지하는 방법을 알려줍니다. 친구에도 여러 가지 유형이 있다는 것을 알려주어야 합니다. 모든 친구가 같은 관계를 유지하기 어려움을 안내합니다. 더 친한 친구가 있을 수도 있고요. 그냥 아는 정도의 친구가 있기도 합니다. 이럴 때 어떻게 친구 관계를 유지해야 하는지 고민하는 기회를 제공하는 것도 좋습니다.

2) 각종 규정 안내

교육활동 침해와 관련한 사안은 교권보호위원회로 처리될 수 있습니다. 교권침해 사안의 처리 방법과 절차를 안내해 둡니다. 선생님과 학생 간의 관계가 좋지 못할 경우에 발생하는 경우가 많습니다. 수업 중이나 각종 교육활동을 진행을 방해하는 경우에 어떠한 처벌을 받을 수 있는지 안내합니다. 선도 사안의 경우도 마찬가지로 학교생활 규정을 지켜야 함을 안내해 둡니다.

학교폭력으로 인한 사회적 문제가 제기되고 있습니다. 학교폭력 사안이 발생하는 경우 어떠한 처리 방식에 따라 진행되는지 안내합니다. 사안의 접수부터 처리 절차와 방법에 관한 안내도 합니다. 결과 통보 이후 피해 학생의 보호조치와 가해 학생의 선도 조치에 관한 이행 여부에 관한 안내도 합니다. 여러 가지 상황을 고려하여 처리됨을 안내하고 사안이 발생하지 않도록 당부합니다.

3) 공동체 의식 함양

학생들에게 공동체 의식을 함양할 수 있도록 해야 합니다. 체육대회나 체험 학습들의 활동을 하는 것도 좋습니다. 자신이 가지고 있는 능력을 나눌 수 있도록 하고요. 몸을 움직이며 참여하는 기회를 주는 것도 좋습니다. 등산을 한다거나 서바이벌 게임 등을 해보는 것도 좋습니다. 서로를 조금씩 알아가는 계기가 될 수 있거든요. 이런 과정이 하나하나 쌓이면 공동체 의식을 함양하는 데 도움이 됩니다.

공동체 의식은 이타성을 실천할 수 있는 원동력이 됩니다. 아들러의 심리학에서는 자기수용, 타자신뢰, 타자공헌의 3가지를 요건으로 들었습니다. 자기 자신을 인정하고 다른 사람을 믿고 이타성을 실현할 수 있도록 안내합니다. 사회는 다른 사람과 내가 함께 살아가는 것임을 인식할 수 있어야 합니다. 서로의 생각과 행동이 다름을 인정하고 함께 보완하며 살아가는 거니까요.

학생들의 사안 발생을 예방하는 방법을 알아보았습니다. 관계를 어떻게 형성하고 유지하며 발전시켜야 할지를 안내하고요. 교육활동 침해 사안의 처리 방법을 안내해 줍니다. 학교생활 규정을 위반한 경우는 어떻게 처리할지도 안내하고요. 학교폭력 사안의 발견과 처리 절차 결과이행 등에 관한 안내도 합니다. 모두 함께 공감하고 소통할 수 있도록 이타성을 실현하는 방법도 함께 제시합니다.

5-4. 학교폭력 예방 활동 방법

학교폭력은 예방이 가장 중요합니다. 사안이 발생한 이후에 처리하는 것은 피해 학생의 치유에 초점을 맞추고 진행되어야 하죠. 상대적으로 어렵습니다. 사안이 발생하지 않도록 최대한 노력해야 하는 이유이기도 합니다. 학교폭력 예방 교육은 한 학기에 한 번 이상 진행되어야 합니다. 학교폭력 사안이 발생하지 않도록 예방하는 방법을 알아보도록 하겠습니다.

1) 생각의 다름을 인정하기

디지털 세대의 학생들입니다. 학교폭력과 어떤 연관성이 있을까요? 이전 세대와 생각이 다를 수 있습니다. 직관적이죠. 내가 원하는 것을 얻기 위해 스위치를 누르면 결과가 나오는 데 익숙해져 있습니다. 여기에 주목해야 합니다. 다른 사람의 생각과 나의 생각이 다를 수 있음을 알려주어야 합니다. 생각의 다름이 '틀림'이 아니라는 것도 함께 가르쳐야 하고요.

토론, 토의 문화를 확산해야 합니다. 나의 의견을 제시하고 다른 학생들과 조율해 나가는 과정에서 자연스럽게 다름을 인정할 수 있습니다. 서로의 생각을 제시하고 생각의 이음을 통해 성장할 수 있는 계기가 되기도 합니다. 관계성 교육도 진행해야 합니다. 사람들과의 관계를 어떻게 만들어가고 유지하며 발전시킬 수 있는지도 방법을 제시해야 합니다.

2) 체험 활동 진행하기

지금도 체험 활동은 많이 하고 있습니다. 학교폭력 예방 활동이 어느 특정한 한 프로그램이라기보다는 일상생활에서 이루어져야 합니다. 요즘의 학교는 초등뿐만이 아니라 중등교육에서도 놀이를 통한 교육이 강조되고 있습니다. 관계성 교육을 위함이기도 합니다. 수업에 활용할 수 있는 체험 활동이 강조되고 있거든요. 학생들과 어울려 체험이나 놀이를 통해 관계를 형성하게 되면 학교폭력 예방에 많은 도움이 됩니다.

수업의 시작부터 적용할 수 있는 놀이를 알아봅니다. 출석을 부르면서 이전보다 높은음으로 대답을 하게 한다든가 앞사람과 다른 답을 하게 해봅니다. 다양한 답이 나올 수 있습니다. 수업을 진행하다가 지루해한다거나 내용의 전환이 필요한 경우에도 활용해 보고요. 마무리 단계에서도 다른 학생들과 함께 놀이나 체험 활동을 할 수 있도록 기회를 제공합니다.

3) 모든 교육 활동에 적용하기

학교폭력 예방 교육은 누가 진행해야 할까요? 학교폭력 책임 교사나 학생부장이 해야 한다고 생각하는 경우가 대부분입니다. 물론 주도적으로 진행해야 하는 담당 선생님은 맞습니다. 학교폭력 예방 교육은 모든 선생님과 교직원이 함께 진행해야 합니다. 담임교사, 교과 담당 교사, 전담 교사, 학교 보안관, 학교 전담 경찰관(SPO) 등등 모든 분이 함께해야 효과가 좋습니다.

수업시간에도 교과별 수업 내용에 반영하여 진행하는 것도 좋습니다. 어울림 프로그램을 활용할 수도 있고요. 쉬는 시간에도 적용될 수 있도록 합니다. 다양하게 활용할 수 있도록 안내합니다. 학교에서 진행하는 모든 행사나 교육 활동에 조금씩 반영하고 진행하는 것이 좋습니다. 일상 속에서 자연스럽게 의식할 수 있도록 하는 거죠. 학교폭력 예방 활동이 특정한 활동이 아니라는 것을 알 수 있도록 말이죠.

학교폭력 예방 교육이 이루어지는 방법을 알아보았습니다. 학생들과 서로 소통하는 방법을 알아봅니다. 생각의 다름이 틀림이 아니라는 것을 인식할 수 있도록 하고요. 관계를 잘 형성하고 유지할 수 있도록 합니다. 놀이를 통한 교육도 중요합니다. 수업이나 체험 활동에 잘 스며들 수 있도록 하고요. 수업, 쉬는 시간 등 모든 교육활동에서 진행할 수 있도록 선생님과 교직원 모두가 일상생활에서 예방 교육을 진행하여야 합니다.

5-5.
사이버 폭력
예방 방법

최근 학교폭력 사안을 확인해 보면 사이버 폭력의 비중이 증가한 것을 확인할 수 있습니다. 「학교폭력예방법」에서 광범위하게 적용하여 처리하고 있습니다. 사이버 폭력의 경우는 보복이 상대적으로 쉬워서 피해 비율이 높습니다. 행위는 한 번에 그칠 수 있으나 온라인으로 확산되기에 피해 학생의 입장에서 심리적인 위축이 될 수 있습니다. 사이버 폭력을 예방하는 방법을 알아보겠습니다.

1) 관계성 교육

사람들 간의 관계를 유지함에 있어 관계에 관한 생각을 할 수 있도록 해야 합니다. 다른 사람의 입장에서 생각할 수 있어야 합니다. 사람들은 관계를 유지하면서 살아가야 합니다. 대화를 통해 소통하고,

상대방의 이야기에 귀 기울이면서 공감을 합니다. 다른 사람의 생각에 나의 생각을 덧대어 나가면서 생각의 이음으로 소통하는 거죠. 함께 어우러져 살아가는데 관계성 교육이 더욱 중요한 시점입니다.

사이버 폭력으로 인해 고통받는 경우를 살펴보겠습니다. 사이버 폭력은 시간을 가리지 않는다는 특징도 있습니다. 자신을 비난하기 위해 올린 SNS 글을 보게 되는 경우도 있고요. 단톡방에 초대해서 괴롭히는 경우 등도 있습니다. 다른 사람의 생각과 나의 생각이 다를 수 있다는 것을 인지해야 합니다. 타인을 배려하는 마음가짐은 좋은 관계를 만들어내고, 소통과 공감을 하는 원동력입니다.

2) 디지털 리터러시

디지털 환경에서 접하는 정보가 모두 사실은 아닙니다. 무분별하게 타인에 관한 내용을 게시했다가 생길 수 있는 모든 문제에 관하여 책임을 질 수 있다는 것을 안내해야 합니다. 미디어 문해력, 디지털 문해력 교육과 맥을 같이합니다. 디지털 세상에서도 다른 사람을 배려하며 행동하게 해야 합니다. 정보에 관하여 비판적으로 접근하고 판단할 수 있는 힘을 키워야 합니다.

SNS나 웹상에서도 다른 사람을 배려하는 생각과 행동이 필요합니다. 2015 개정 교육과정에서부터 리터러시에 관한 교육을 진행하고 있습니다. 2022 개정 교육과정에서도 강조하고 있고요. 사이버공간에서 댓글을 달거나 인스타그램, 페이스북 등의 SNS 환경에서도 '내가 기분이 나쁘면 다른 사람도 기분이 나쁘다'는 공감능력을 키울 수 있도록 해야 합니다.

3) 범죄가 될 수 있다는 인식

다소 무거운 주제입니다. 사이버 폭력이 학교폭력으로만 끝나지 않을 수도 있습니다. 범죄가 될 수 있기 때문입니다. 형사 처벌을 당할 수도 있습니다. 특히 명예훼손의 경우는 우리나라의 법체계가 아주 엄격합니다. 나 이외의 다른 사람에 관한 이야기를 하는 경우 대부분 명예훼손에 해당합니다. 예외 규정으로 제외하는 방식을 사용하고 있습니다. 그 내용이 사실이 아닌 경우에는 가중처벌을 받게 되고요.

다른 사람에 관하여 이야기를 한 내용이 사실이라고 할 때는 어떻게 될까요? 사실적시에 의한 명예훼손으로 처벌될 수 있습니다. 우리나라는 명예훼손에 관한 법체계가 매우 엄격하기 때문에 이러한 내용을 안내할 필요가 있습니다. 경찰에서 처리하고 법률에 의해서도 처벌받을 수 있음을 안내하면서 사회성 교육을 진행해야 합니다. 미래사회의 일원으로 성장할 수 있도록 해야 하는 거죠.

사이버 폭력에 관한 용어 정의를 비롯한 내용의 관련 법의 보완이 필요합니다. 용어가 명확히 정의되어야 법의 적용에 무리가 없기 때문입니다. 다른 사람을 배려하는 능력을 키워야 합니다. 디지털 환경에서 자신의 행동이 다른 사람에게 피해를 줄 수 있음을 인지해야 하고요. 범죄가 될 수 있음을 알고 타인을 배려하는 삶을 살아갈 수 있도록 해야 합니다.

5-6. 학교폭력 예방교육 방법

「학교폭력예방법」에 의하면 학교폭력 예방 교육을 진행해야 합니다. 교사, 학생, 학부모를 대상으로 학기별 1회씩 진행하여야 하고요. 같은 학교폭력 예방 교육이라고 하더라도 대상에 따라 약간의 결을 달리합니다. 교사들은 학생들이 어떻게 하면 관계를 잘 유지할 수 있을지에 초점을 맞춥니다. 학부모님들에게는 자녀를 관찰하고 발견 즉시 학교에 알릴 수 있도록 하고요. 학생들은 다른 학생들과 자신의 생각이 다를 수 있음을 안내합니다. 학교폭력 예방 교육을 효율적으로 진행하는 3가지 방법에 관하여 알아보겠습니다.

1) 학년 초, 학기 초에 진행하기

모든 사안은 발생하기 전에 예방하는 것이 좋습니다. 최대한 빠른 시간에 진행해야 하죠. 학년 초나 학기 초에 진행해야 합니다. 3월과 9월에는 진행해야 하는 거죠. 매 학년 초에는 진학한 학교나 학급에서 약간의 다툼이 일어나기도 합니다. 성향이 다른 학생들이 만나서 같은 공간에 있다 보니 서로 잘 알지 못하는 경우도 있고요. 서로 다름을 인정할 수 있도록 해주는 것이 필요합니다.

학년 초나 학기 초에 학생들과 공감할 수 있는 프로그램을 진행해 보는 것이 좋습니다. 서로의 입장을 알 수 있도록 하고요. 민주적인 의사결정 과정은 어떻게 진행되는지 알려줍니다. 학생들끼리의 의사소통도 원활하게 할 수 있도록 합니다. 소통의 창구를 마련해 주는 거죠. 놀이를 통한 방법도 좋습니다. 요즘은 초등뿐만이 아니라 중등에서도 놀이를 활용한 교육도 보급되고 있는 추세입니다.

2) 학부모 맞춤형 교육

학부모님들은 학생들을 가정에서 관찰할 수 있습니다. 교사의 시각이 아닌 보호자의 시각에서 학생을 확인할 수 있는 거죠. 자녀와 이야기를 나누면서 학교에서 있었던 일에 관하여 파악합니다. 학교폭력의 징후와 학생들의 반응을 살필 수 있도록 안내합니다. 학교폭력 사안이 발생한 경우 학교에서는 어떠한 방향으로 진행하는지 전체적인 흐름을 설명해 줍니다.

학교폭력 사안 처리의 방식이 매년 조금씩 변동되고 있습니다. 양식도 조금씩 바뀌고요. 학부모님에 따라서는 잘못 알고 있거나 이전의 처리 방식으로 알고 계시는 경우가 있어요. 변동된 내용에 관하여 정확히 안내하는 것이 좋습니다. 나중에 민원을 방지할 수 있거든요. 학교폭력 사안을 처리하는데 객관적인 시각에서 매뉴얼에 따라 진행하고 있음을 안내합니다. 오해가 생기지 않도록 맞춤형으로 진행하는 것이 좋습니다.

3) 학교생활과 연계하여 진행

교사(교직원) 대상으로 학교폭력 예방 교육을 진행할 때는 학생이나 학부모 대상으로 예방 교육을 진행할 때와는 방향이 다릅니다. 학교폭력 사안 처리 방법과 수업이나 학교생활과 연계하여 진행할 수 있도록 안내합니다. 학교폭력 예방교육지원센터 홈페이지를 안내하는 것이 좋습니다. 수업 중 학교폭력 예방 활동을 할 수 있도록 다양한 모듈을 제공하고 있습니다. 학교별 아이디와 비밀번호는 학년초 공문으로 제공되고요.

학교폭력 예방 교육을 형식적으로만 진행하는 것은 불필요한 행정력을 낭비하는 겁니다. 수업 중에 진행하거나 학교생활을 하면서 교육활동의 일환으로 진행하는 것이 좋죠. 연계하여 진행하는 것이 효과적인 이유입니다. 조금 전 소개한 사이트에서는 수업 지도안과 PPT, 학생들의 활동지까지도 제공되고 있습니다. 다양하게 활용해 보시는 것을 추천합니다.

5-7. 학부모 대상 학교폭력 예방교육 방법

매 학기 1회 이상 학교폭력 예방 교육을 진행해야 합니다. 교사, 학부모, 학생을 대상으로 진행하게 되어있죠. 같은 학교폭력 예방 교육이라는 제목이지만 내용은 달라야 합니다. 학생에게는 서로의 관계에 집중해야 하고요. 선생님들은 사안 처리의 구체적인 방법을 안내합니다. 학부모 대상의 예방교육은 자녀의 학교폭력 징후를 파악할 수 있도록 사안 처리 방법을 안내합니다.

1) 자녀와 소통

학생과 학부모는 가장 가깝게 소통할 수 있습니다. 식사 시간에도 이야기를 나누면서 학생의 상황을 파악할 수 있죠. 직접적으로 피해나 가해 사실을 파악할 수 있기도 합니다. 가정에서 아이들에게 관심을 가지고 생활할 수 있도록 안내합니다. 피해 학생의 징후나 가해 학생의 징후를 파악해서 이상이 있는 경우는 담임선생님이나 학교폭력 책임 교사에게 전달될 수 있도록 합니다.

자녀의 생각과 감정을 공유할 수 있도록 하는 것이 좋습니다. 가족여행이나 외식 등으로 이야기를 나누고 생활합니다. 학교에서 어떤 일이 있었는지 마음을 터놓고 이야기할 수 있도록 합니다. 사춘기를 겪고 있는 아이들이라면 친구들과의 관계를 모두 터놓고 이야기하려고 하지는 않을 수도 있거든요. 이야기하고 싶을 때까지 기다려주는 것도 하나의 방법입니다.

2) 평소 학교생활 안내

학생들의 평소 학교생활을 관찰했다가 안내하는 것이 좋습니다. 전화나 문자로 안내해도 되고요. 요즘은 메일이나 SNS를 활용한 방법도 사용합니다. 학교폭력 사안이 아니더라도 좋지 않은 일로 연락을 하는 경우는 당황스러워하기도 합니다. 평소에 연락을 해두라고 하는 이유이기도 하고요. 상담일지나 관찰일지에 학생의 상황을 기록해 두었다가 연락하는 것도 좋습니다.

평소 학교생활을 학부모와 공유하는 것이 학생들의 학교생활에 많은 도움이 됩니다. 학부모는 '내 아이가 학교에서 잘하고 있겠지?'라는 막연한 기대감을 가지고 있을 수 있습니다. 상황에 따라서는 기대에 못 미치기도 하거든요. 이러한 상황을 구체적으로 안내합니다. 평소 잘하고 있는 것과 미진한 부분을 함께 안내해서 부족한 점을 보완할 수 있도록 해주는 것이 좋습니다.

3) 학교 행사 참여

학부모의 학교 행사 참여도 학교폭력 예방 활동에 도움이 됩니다. 평소 학생의 학교생활을 직접 관찰할 수 있기도 하고요. 선생님들과 자녀의 상황을 알 수 있도록 소통이 이루어질 수 있습니다. 축제 기간에 학생들의 발표를 학부모가 함께할 수 있도록 안내하는 것도 좋고요. 학교에서 어떠한 일이 이루어지는지 많이 알고 있을수록 자녀와 소통할 수 있는 기회가 많아집니다.

학부모의 학교 행사를 다양하게 진행하는 학교도 많이 있습니다. 여러 가지 프로그램을 진행하지요. 상담 기간에 학교에 오셔서 학생들의 평소 생활을 안내받기도 하고요. 공개수업 기간에는 수업받고 있는 학생의 상황을 직접 관찰할 수도 있습니다. 학부모회 활동도 활성화할 수 있도록 다양한 지원을 합니다. 교육청 단위의 학부모 활동도 안내하는 것이 좋습니다.

학부모 대상 학교폭력 예방 교육을 진행하는 방법에 관하여 알아보았습니다. 자녀와 집에서 소통하면서 발견할 수 있도록 안내하고요. 평소 학교생활을 관찰했다가 관찰일지에도 기록해 둡니다. 상담한 내용을 기록하고 관련한 내용을 학부모와 공유합니다. 공개수업,

상담 주간, 축제 등등의 학교행사를 다양하게 진행합니다. 학부모의 참여율을 높일 수 있도록 학교행사를 준비합니다.

5-8.
학생부 교사에게 지원해야 할 요건

학교는 3월 1일부터 시작되는 학년도를 사용하고 있습니다. 매년 2월이 되면 다음 학년도에 담당할 업무를 배정합니다. 학교에는 여러 가지 부서가 있습니다. 교무부, 연구부, 전문부 등등이죠. 약간의 명칭이 다르기는 하지만 고유의 업무가 있습니다. 학생부(생활지도부)도 있죠. 학생부에는 지원해서 꾸려지는 경우가 그리 많지 않습니다. 학생부 선생님들을 꾸리기 위해 업무 분장할 때부터 삐걱대는 학교들이 대부분입니다. 학생부 선생님들에게 지원해야 할 요건을 알아보겠습니다.

1) 담당 업무 경감

업무의 경감이 첫 번째로 필요합니다. 학교에서 누군가가 학생부에서 생활지도를 맡아서 해야 한다면 지원해 주어야 할 일들이 있습니다다. 학생부 선생님들은 시도 때도 없이 들어오는 민원을 감수해야 합니다. 문제는 수업은 수업대로, 민원은 민원대로 받아야 한다는 겁니다. 감정노동에 시달리는 경우 극심한 스트레스로 다가오기도 합니다. 격한 감정노동은 교통사고를 당했을 때와 유사한 수준의 심리적 피해가 되기도 하거든요.

수업시수 경감을 비롯한 여러 가지 지원이 필요합니다. 수업에도 지장이 생길 수 있기 때문입니다. 정상적인 수업이 진행되기 어려운 경우에는 학생들에게 피해가 고스란히 돌아가게 됩니다. 학교는 교육기관입니다. 교사 본연의 역할에 충실할 수 있도록 도움을 주어야 하고요. 교육 활동에 전념할 수 있는 여러 가지 지원책을 통해 학교 업무를 정상화할 수 있도록 하는 것이 필요합니다.

2) 적당한 보상

많은 학교가 저경력 교사들에게 학교폭력 업무 등의 생활지도 업무를 맡기고 있습니다. 열정페이를 요구하는 시대는 지났습니다. 적당한 보상이 필요한 거죠. 늦은 밤에도 민원 전화 등으로 스트레스를 호소하는 교사들도 있습니다. 교육청 차원에서 안심번호 등의 지원도 해주기는 하지만 수단과 방법을 가리지 않고 제기되는 민원으로 인해 교직을 떠나는 분들도 있습니다.

생활지도 업무가 기피 업무가 된 원인을 생각해 보아야 합니다. 원인 중의 하나로 적당한 보상이 없다는 겁니다. 어떤 일을 했을 때 무언가 상응하는 대가가 있어야 하거든요. 학생부 선생님들은 각종 민원으로 인해 스트레스를 많이 받게 되는데요. 주변의 이야기를 들어보면 맡은 업무니까 감수해야 된다고 생각하는 경우가 많습니다. 승진 가산점, 수당 지급 등 적당한 보상을 통해 위안으로 삼을 수 있는 제도의 확대 시행이 필요한 시점입니다.

3) 격려와 지원

생활지도 업무를 할 때 마음이 공허해지는 경우가 있습니다. 사안이 벌어진 이후에 나 몰라라 하는 경우죠. 예를 들어 학생선도위원회에 상정된 아이가 있습니다. 사안을 발견했거나 학생부에 확인을 요청한 선생님이 있겠죠? 관련해서 이야기를 해주고 의견서도 작성해 주면서 사안을 확인할 수 있도록 지원해 주어야 합니다. 일부 선생님들은 이 과정에서 생기는 민원이 예상된다고 하면 학생부에서 알아서 하라는 식의 반응을 보이기도 합니다.

학생부장, 학년부장, 선도 담당, 교권 담당, 학교폭력 담당, 담임교사 등 생활지도를 담당하는 선생님들에게 격려와 지원을 아끼지 않아야 합니다. 학교의 질서가 바로 설 때 수업도 잘 이루어질 수 있습니다. 밝은 미래를 준비할 수 있는 원동력이 될 수 있고요. 서로 부족한 점은 보완해 가면서 교육 활동을 할 수 있도록 하는 거죠. 학생들의 잘못한 점을 깨달을 수 있도록 여러 교사와 함께 도와가며 처리해야 합니다.

학생들의 생활지도를 담당하는 교사들에게 필요한 것들을 살펴보았습니다. 담당 업무를 경감해 주어야 하고요. 적당한 보상을 제공해 주어야 합니다. 동료 교사들의 격려와 지원도 필요하고요. 학교에서 정상적인 교육 활동이 이루어질 수 있도록 함께 도와가며 생활하는 자세도 필요합니다. 신학기를 준비하는 과정에서도 힘들이지 않고 학생 생활지도 담당 선생님이 배치될 수 있으면 좋겠습니다.

에필로그

교사들에게 필요한 3가지 능력

교사로서 학생들의 생활지도를 하는 것은 여간 힘든 일이 아닙니다. 대부분의 학교에서 생활지도 담당 교사들이 매년 교체되는 이유이기도 합니다. 학생과 학부모들의 민원과 여러 가지 상황에 마주하면서 감정노동에 매일같이 노출되기도 합니다. 이런 상황에 어떻게 대처해야 할까요? 생활지도 담당 교사는 어떠한 능력을 갖추어야 할까요?

첫 번째는 학생과 학부모에게 선생님은 생활지도 베테랑이라는 이미지를 심어주어야 합니다. 학생들의 생활지도를 하면서 줄 수 있는 징계에 관하여 확인해 보겠습니다. 교권보호위원회, 학생선도위원회, 학교폭력대책심의위원회 3가지 위원회에서 학생들의 징계를 부여할 수 있습니다. 업무 처리 절차를 정확히 알고 있어야 합니다. 학생과 학부모에게 전달할 때 가장 중요한 것은 공정하고 공평한 처리 방법입니다. 정해진 매뉴얼에 의해 누구에게도 치우치지 않은 정의를 실현할 수 있도록 해야 하는 거죠. 학생부 업무 담당자들은 사안 처리 방법을 정확히 알고 있어야 합니다. 어떠한 상황이 발생하더라도 슬기롭게 헤쳐 나갈 수 있도록 준비하는 것이 필요한 이유입니다.

두 번째는 소통 능력입니다. 학생과 보호자의 이야기를 들어주고 정확한 사안을 파악할 수 있어야 합니다. 학생들과 이야기하고 공감하면서 생활하는 것이 중요하죠. 평소 라포를 형성해 두는 것도 필요합니다. 생활지도를 하면서 선을 설정해 두고 넘지 않도록 지도하는 것이 필요한데요. 라포가 형성되어 있는 아이들이라면 슬기롭게 헤쳐 나가는 데 많은 도움이 되기 때문입니다. 소통하는 방법 중에 가장 중요한 것은 많이 들어주는 거죠. 들어주면서 가치 판단은 최대한 자제하고 스스로 깨달음을 얻을 수 있도록 합니다. 누군가 이야기를 해주는 것보다 본인이 깨닫는 것이 좋습니다. 잘못을 인정하고 앞으로의 삶을 개선할 수 있는 원동력이 되기 때문입니다.

세 번째는 학생들을 공평하게 대해야 합니다. 교실에서 수업하다 보면 잘 따라오는 아이들이 있고, 그렇지 못한 경우도 있습니다. 수업을 방해하는 경우도 있죠. 이런 경우에 어떤 방식으로 처리할 것인지에 관하여 미리 학년 초에 고지해야 합니다. 학급의 규칙을 설정하고, 이를 지키면서 생활할 수 있도록 지도합니다. 학년 초라고 말씀드린 이유는 학기가 시작되고 중간에 변경되는 규칙의 경우는 공평한 처리를 하는 데 방해가 되기 때문입니다. 불공평하다고 생각하는 경우도 있고요. 민원이 제기되기도 합니다. 아이들의 시각으로 바라볼 때 공정한 것은 무엇인지 생각해 보고 생활할 수 있도록 합니다.

학생 생활지도와 학부모 상담

펴 낸 날 2023년 10월 13일

지 은 이 날아라후니쌤 김태훈
펴 낸 이 이기성
편집팀장 이윤숙
기획편집 윤가영, 이지희, 서해주
표지디자인 윤가영
책임마케팅 강보현 김성욱
펴 낸 곳 도서출판 생각나눔
출판등록 제 2018-000288호
주 소 경기도 고양시 덕양구 청초로 66, 덕은리버워크 B동 1708, 1709호
전 화 02-325-5100
팩 스 02-325-5101
홈페이지 www.생각나눔.kr
이 메 일 bookmain@think-book.com

• 책값은 표지 뒷면에 표기되어 있습니다.
ISBN 979-11-7048-609-1(13370)